Bernd-R. Zabel

Diktat
Plus

Erarbeitung / Übung / Integration –
150 Diktate
mit Arbeitsvorschlägen
für Klasse 5 – 10

Verlag Ferdinand Schöningh

Gedruckt auf umweltfreundlichem, chlorfrei
gebleichtem Papier mit 50 % Altpapieranteil.

Redaktion und Mitarbeit:
Gisela Blankenburg-Kahrs, Tarmstedt

© 1997 Ferdinand Schöningh, Paderborn
(Verlag Ferdinand Schöningh, Jühenplatz 1, D-33098 Paderborn)

Printed in Germany. Gesamtherstellung Ferdinand Schöningh.

Druck 5 4 3 2   Jahr 01 00 99

ISBN 3-506-74116-0

Dieses Werk folgt der reformierten Rechtschreibung und Zeichensetzung. Ausnahmen
bilden Texte, bei denen künstlerische, philologische oder lizenzrechtliche Gründe einer
Änderung entgegenstehen.

Inhaltsverzeichnis

Teil A

Exemplarische Erarbeitung einzelner Grund- und Strukturregeln der Rechtschreibung

Teil B

Textsammlung

Texte für Klasse 5/6

Texte für Klasse 9/10

Register zum Teil B

Vorwort

1. Zum Konzept des Bandes

Zwei Momente sind für diesen Band wesentlich:
- das Moment des sprachlichen Handelns und
- das Moment der Integration.

a) Was bedeutet „sprachliches Handeln" für den Bereich „Rechtschreibung"?

Es kann bei der Verbesserung der Rechtschreibleistungen nicht nur um die statistische Verbesserung eines Mindestwortschatzes und um die Erarbeitung orthographischer Gesetzmäßigkeiten gehen: mit anderen Worten: Lernziel kann nicht ausschließlich das korrekte Schreiben weniger Begriffe der Alltagssprache sein.
Einzelwort, Wortlisten oder funktionalisierte Texte bleiben dem Schüler letztlich fremd und formal; er lernt die Regel und vergisst sie wieder. Die mangelnde Effektivität des Lernens anhand von isolierten Rechtschreibübungen beruht darauf, dass das „Einschleifen" einzelner Rechtschreibkonventionen oberflächlich bleiben muss, solange der Sinn des Ganzen beim Lernen nicht erfasst worden ist. Eine bloße Habitualisierung kann nicht die Einsicht vermitteln, warum es überhaupt sinnvoll ist, sprachliche Normen zu beherrschen und einzuhalten. Die Sache „Rechtschreibung" lässt den Schüler folglich gleichgültig; denn der sprachliche Kontext, der in der Regel die Schreibweise bedingt und der zugleich Lernhilfen für den Schüler bietet, wird ausgeklammert.
Erfolgreiches „sprachliches Handeln" bedeutet für den Bereich „Rechtschreibung" immer eine Synthese unterschiedlicher Anforderungen, nämlich die Einsicht in graphemische, phonemische, phonetische, syntaktische und semantische Strukturen. Wesentliche Voraussetzung dafür ist, dass der Schreiber erkannte orthographische Gesetzmäßigkeiten auf entsprechende Rechtschreibphänomene übertragen kann (Transfer). Diese Anwendung kategorialen Wissens geht über die Reproduktion von Schreibweisen hinaus, sie führt zu selbstständigem sprachlichen Handeln.
Für die Unterrichtspraxis heißt das: Ähnlich wie im Fremdsprachenunterricht Vokabeln sinnvollerweise im Kontext gelernt werden, sollte der Deutschlehrer mit der Klasse Beispiele zu Rechtschreibschwierigkeiten zusammenstellen, erarbeiten und deuten und diese Beispiele dann in einen sprachlichen Kontext stellen (Eigendiktate, Fremddiktate, erzählerische Ausgestaltungen u.a.). Der Schüler begreift, dass Rechtschreibung, Schreiben, Lesen und die Auseinandersetzung mit der Sprache eine Einheit darstellen. In einem so verstandenen Rechtschreibunterricht ist das Diktat nicht ein Kontrollinstrument, sondern dient dem Aufbau einer sprachlichen Handlungskompetenz.

b) Was heißt „Integration"?

Das Bestreben, die diktierten Texte in den Deutschunterricht zu integrieren, folgt dieser Überlegung, dass der Schüler Schreiben nicht als Prüfung, als Kontrolle oder als Drill erfahren darf. Das Diktat dient vielmehr dazu, jedem Schüler eine eigene Textgrundlage zu vermitteln, auf die der Unterricht inhaltlich aufbauen kann. Wichtiger noch: Indem die Schüler den ausgewählten Text als Diktat nachschreiben, eignen sie sich diesen Text aufmerksamer an als bei einer vergleichsweise unverbindlichen Lektüre; der zunächst ferne Text wird in den Horizont der Schüler gebracht und nicht ausschließlich unter dem Aspekt einer Schreibübung instrumentalisiert, denn das Textverstehen wird nicht künstlich vom Schreiben und Lesen getrennt.

Nach Diktat und Korrektur des Textes bieten sich grundsätzlich die drei folgenden Möglichkeiten einer Weiterarbeit an:
– es werden orthographische Fragen besprochen (je nach Klassenstufe kann es sich hierbei auch um eine eher reflektierende Auseinandersetzung mit Rechtschreibphänomenen handeln)
– es werden grammatikalische oder linguistische Fragen besprochen
– es werden inhaltlich-thematische Fragen zum Text behandelt.
Gerade die methodische Form einer synthetischen Vorgehensweise oder einer rezeptionsorientierten (produktiven) Art der Textaneignung bietet sich im Sinne einer Integration an: So kann der Lehrer z.B. Anfänge von Kurzgeschichten, Erzählungen und Romanen diktieren und von den Schülern im Unterricht analysieren lassen. So kann der Lehrer z.B. einen Text diktieren, umschreiben lassen und die veränderte Form immanent so interpretieren, dass sich Leitfragen für eine Analyse des Originaltextes ergeben. Alle methodischen Ansätze müssen sich aber auf den Text beziehen; dieser darf nicht nur Anlass oder „Aufhänger" sein.

2. Zum Aufbau des Bandes

Der Band besteht aus einem kursähnlichen Teil A, einer Textsammlung (Teil B) und einem Register.
Im *Teil A* werden exemplarisch methodische Angebote vorgestellt, wie Grundprobleme der deutschen Rechtschreibung durch eine didaktische Reduktion analysiert, induktiv erarbeitet und geübt werden können. Die Gliederung folgt der üblichen Einteilung in
– Dehnung/Schärfung
– gleich und ähnlich klingende Konsonanten und Vokale
– s-Laute
– Groß- und Kleinschreibung
– Zusammen- und Getrenntschreibung.
Im *Teil B* finden sich Diktattexte, die nach den Klassenstufen 5/6, 7/8 und 9/10 geordnet sind. Die Reihenfolge innerhalb dieser drei Textgruppen berücksichtigt zum einen den unterschiedlichen Schwierigkeitsgrad der Texte und zum anderen, wo möglich, inhaltliche Aspekte (Thema, Textsorte).
Grundlegend für diese Textsammlung sind die Prinzipien einer Integration und einer kontinuierlichen Übung. Dementsprechend erfolgte die Auswahl der Diktate nicht in erster Linie nach dem Gesichtspunkt, eine bestimmte Schwierigkeit möglichst häufig in einem Text vorzustellen. Der Text muss vor allem sprachlich und inhaltlich überzeugen. Er muss die Möglichkeit einer differenzierten Betrachtung einzelner Rechtschreibprobleme bieten, und er muss eine weiterführende Arbeit, d.h. eine Integration in die Lernbereiche des Deutschunterrichts erlauben. Das Diktat soll also nicht ausschließlich dem „Rechtschreibtraining" dienen (aus diesem Grund wurde auch auf besondere Spielformen verzichtet), und der Text soll nicht einseitig funktionalisiert werden.
Jedem Text im Teil B schließt sich ein „Apparat" an, der u.a. Hinweise für eine weiterführende Arbeit gibt. Diese didaktisch-methodischen Hinweise sind z.T. als Aufgaben für den Schüler formuliert und können z.B. als Hausaufgabe mitdiktiert werden (wobei der Schüler das Diktat daheim selbstständig korrigiert), oder sie können mündlich im Anschluss an das Diktat behandelt werden; z.T. sind die Hinweise in Stichworten gegeben, die dem Lehrer Möglichkeiten der Textarbeit skizzieren, ohne ihn durch umfangreichere Ausführungen allzu sehr einzuengen. Die Hinweise beziehen sich auf die spezifischen Lernbereiche des Faches Deutsch: „Rechtschreibung", „Grammatik/Reflexion über Sprache", „Interpunktion" und „Umgang mit Texten". So lassen sich Rechtschreib-Übungsphasen (Einzelübungen oder Lernsequenzen) mit inhaltlichen Phasen in Unterrichtseinheiten verbinden.

Die Anlage des Bandes ermöglicht sowohl die gezielte Erarbeitung eines Rechtschreibproblems (Teil A) als auch eine vertiefende Übung mit Einzeltexten (Teil B). Das dreiteilige *Register* zum Teil B hilft hier, geeignete Texte für den jeweiligen Zweck zu finden. Es bietet neben einer Übersicht nach Rechtschreibschwerpunkten* ein Schlagwortverzeichnis nach Lernbereichen und eines nach Themenkreisen.

3. Ein Beispiel für die Integration eines Diktats in eine Unterrichtseinheit

Unterrichtseinheit: „Recht, Gerechtigkeit"
Text: Bertolt Brecht „Der hilflose Knabe" (Text Nr. 57 im Teil B dieses Bandes)
Geplanter Verlauf

1. Std.   Einstieg: Diktat
1. Lehrer diktiert den Text ohne den Einleitungssatz bis „Denn der Mann lächelte."
2. Kontrolle und Überarbeitung der Textgrundlage (Möglichkeiten: gemeinsame Korrektur, Partnerkorrektur, Eigenkorrektur, Tafelanschrieb, Overheadprojektor oder Kopie)
3. Erneutes Vorlesen des korrigierten Textes durch den Lehrer oder durch einen Schüler
Hausaufgabe: Wie könnte die „Geschichte" weitergehen? (mündlich oder schriftlich)

2. Std.   Analyse des ersten Teils
1. Hausaufgabe (Vorstellen der eigenen Fortsetzung)
2. Deutung dieser Fortsetzung (Wie verhält sich der Mann? Wie verhält sich der Knabe? Wie müssten wir diese „neue" Geschichte deuten?)
3. Vergleich mehrerer Schülerfassungen und Deutung dieser unterschiedlichen Versionen
4. Diktat des Brechtschen Schlusses (ohne Moral) und Korrektur wie oben
5. Analyse dieses Schlusses, ausgehend von einem Vergleich mit dem selbst geschriebenen Schluss.
Hausaufgabe: Wie könnte die „Moral" dieser Geschichte lauten? (mündlich oder schriftlich)

3. Std.   Gesamtdeutung (Synthese)
1. Wiederholung der Ergebnisse der bisherigen Deutung
2. Antizipation und Deutung der Moral
3. Diktat und Deutung des Einleitungssatzes
4. Diskussion und Bewertung der brechtschen Moral

4. Std.   Fortsetzung der Unterrichtseinheit
Vergleich und Erörterung des hier vorgestellten „richtigen" Verhaltens anhand anderer Fabeln, Kurzgeschichten oder Erzählungen (z.B. Johann Peter Hebel „Der listige Knabe", s. Text Nr. 56 im Teil B dieses Bandes).

---

* „Schwerpunkte" der Rechtschreibung werden dann aufgeführt, wenn im Text das jeweilige Phänomen des Öfteren auftritt und eine gewisse Schwierigkeit des Diktats bedeutet; auf Fragen der Interpunktion wird verwiesen, sofern sich mindestens zwei Beispiele dafür im Text finden lassen.

Bei einem stärker inhaltlich eingebundenen Diktat (vgl. das eben dargestellte Beispiel) lässt der Lehrer zunächst falsche Schreibweisen berichtigen, ohne näher auf die Fehler einzugehen; jedem Schüler liegt damit für die weitere Textarbeit eine korrekte Fassung vor. Zur sinnvollen Nachbereitung führt der Lehrer eine differenzierte Fehlerstatistik, so dass er nach mehreren Diktaten und einer solchen längerfristigen Analyse für seine Gruppe entscheiden kann, welche Rechtschreibschwierigkeiten im Einzelnen noch gezielter geübt werden. Das bedeutet:
– es müssen häufiger Diktate geschrieben werden, die nach einer (formalen) Korrektur in eine Unterrichtseinheit integriert werden können, und
– nach einer differenzierten Fehleranalyse müssen gezielte Rechtschreibübungsphasen eingeplant werden.
Für beide Aspekte bietet der vorliegende Band Texte, Übungen und viele Anregungen.

4. Zur Zeichensetzung

Die Interpunktion folgt den geltenden Regeln; in den Fällen, in denen ein Komma gesetzt werden *kann* (das Komma vor *und, oder* usw., das Komma bei Infinitiv-, Partizip- oder Adjektivgruppen, wenn die Gliederung des Satzes oder die Eindeutigkeit der Aussage betont werden soll), wurde in allen Texten ein Komma gesetzt.

Es bleibt dem jeweils Unterrichtenden überlassen, ob und inwieweit die grundsätzliche Regel vorher erarbeitet werden sollte oder ob auf das Komma verzichtet werden kann. Eine bewusste Entscheidung setzt allerdings eine Kenntnis der Regel voraus.

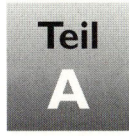

Teil A

Exemplarische Erarbeitung einzelner Grund- und Strukturregeln* der Rechtschreibung

I. Dehnung/Schärfung

1. Erarbeitung einer Strukturregel

Aufgabe:

Sammelt Wörter mit langem a, e, i, o, u und mit kurzem a, e, i, o, u. Schlagt zur Überprüfung im Duden nach, wie diese Wörter geschrieben werden.
Ordnet die gesammelten Wörter nach der Aussprache der Vokale (lang bzw. kurz) und unterteilt dabei eure Liste zusätzlich nach der unterschiedlichen Schreibweise der Dehnung (lang gesprochener Vokal) bzw. Schärfung (kurz gesprochener Vokal).
Welche Möglichkeiten findet ihr, einen lang gesprochenen Vokal zu schreiben?

Didaktisch-methodischer Kommentar:

Mit Hilfe der Zuordnung der gefundenen Wörter unter dem Aspekt „Aussprache der Vokale" und ihrer Einordnung in eine Wortliste, deren Rubriken mit der Klasse zu erarbeiten sind, wird zum einen die Grundregel *„Sprich deutlich!"* vermittelt und zum anderen eine erste Strukturregel aufgestellt, die die verschiedenen Möglichkeiten der Kennzeichnung von Dehnung und Schärfung beschreibt.
Umfangreiche Wortlisten können im Unterricht recht schnell aus beliebigen Texten, aus dem Duden oder im spielerischen Wortwechsel (Wortketten) zusammengestellt werden.
Die Wortsammlung erlaubt unter den Gesichtspunkten „Aussprache" und „Kennzeichnung" der Vokale folgende Systematisierung:
Dehnung (Vokal lang gesprochen)
– Vokal und nur ein folgender Konsonant (unbezeichnete Dehnung)
– Vokalverdopplung (einschl. „ie")
– Vokal mit Dehnungszeichen „h"
Schärfung (Vokal kurz gesprochen)
– Vokal und folgender Doppelkonsonant
– Vokal und folgende Konsonantenhäufung (mindestens zwei verschiedene Konsonanten)

---

* Mit dem Begriff *„Grundregel"* ist hier eine Handlungsanweisung für den Schüler gemeint; die Grundregel nennt ihm ein Verfahren, mit dem er prüfen kann, ob er ein fragliches Wort korrekt geschrieben hat (z.B. „Achte auf eine deutliche Aussprache!", „Verlängere das Wort!", „Man schreibt getrennt, wenn ...").
Der Begriff *„Strukturregel"* bezieht sich auf eine bestimmte Rechtschreibschwierigkeit, die beschrieben und nach feststellbaren Regelmäßigkeiten systematisiert wird. Die Strukturregel nennt Kriterien, die eine vorliegende richtige Schreibweise klassifizieren können. Die Kenntnis der Strukturregel ermöglicht es dem Schüler im Zweifelsfall, alternative Schreibweisen zu erwägen und diese dann durch die Anwendung einer geeigneten Grundregel zu überprüfen (z.B. nach kurz gesprochenem Vokal, Konsonantenverdoppelung oder -häufung? Grundregel „Wie wird das Stammwort geschrieben?").
Wie alle Rechtschreibhilfen sind auch die hier aufgeführten Grund- und Strukturregeln nur durch eine didaktische Reduktion zu gewinnen. Es muss dem Lehrer im Einzelfall überlassen bleiben, Ausnahmen und Abweichungen in die vorgeschlagene Progression sinnvoll einzufügen.

Das methodische Vorgehen dient somit – neben der Anwendung der Grundregel „*Sprich deutlich!*" – der Einführung einer *Strukturregel* für den Rechtschreibbereich „Dehnung/ Schärfung":

> Nach einem langen Vokal (Dehnung) steht nur ein Konsonant, nach einem kurzen Vokal (Schärfung) folgt dagegen eine Konsonantenverdopplung oder -häufung. Ein langer Vokal ist entweder unbezeichnet, oder er wird durch seine Verdopplung (statt „ii" steht dann „ie") gekennzeichnet, oder seine Dehnung wird durch ein folgendes „h" angezeigt.

Die Schreibweise der Dehnung bereitet meistens mehr Schwierigkeiten als die der Schärfung, die häufig durch Wortveränderungen zu bestimmen ist (vgl. dazu 1, 3). Die genannte Strukturregel zur Dehnung bietet im Zweifelsfall keine eindeutige Antwort; hier hilft letztlich nur Lernen durch Übung (vgl. dazu 1, 4).

2. Anwendung und Überprüfung der Strukturregel

1 **Hasso spielt mit**

Seit gestern kann Peter nicht mehr mit seinem Ball spielen. Früher hätte er sich kaum von ihm getrennt. Aber gestern geschah ein Unglück. Peter dribbelte wieder einmal über den Hof. Walter rief zwar noch: „Achtung! Hasso kommt!" Doch Peter reagierte zu spät. Hasso schnappte ausgelassen nach dem Ball, Peter stolperte. Die Folge war ein verstauchter Fuß – und ein zerbissener Ball.   (63 Wörter)

Didaktisch-methodischer Kommentar:

Durch die Anwendung der erarbeiteten Strukturregel im diktierten Ganztext wird einmal die Schreibweise von Dehnung/Schärfung im Kontext geübt und zugleich die Regel der Kennzeichnung auf ihre Tragfähigkeit hin überprüft (In welche Spalte unserer Liste ist das Wort einzuordnen?).

So ist die Strukturregel auch auf Umlaute (lang oder kurz gesprochen) und auf Diphthonge (immer lang gesprochen) anzuwenden, wobei weder Umlaute noch Diphthonge verdoppelt werden können.

Gerade bei einer Kontextualisierung kann auf die notwendige korrekte Aussprache geachtet werden, wenn etwa bei der Besprechung des Diktats der Text nochmals von einem Schüler vorgelesen wird. Hier wie auch beim Diktieren ist eine übertriebene Artikulation aber nicht angebracht.

3. Einführung der Grundregel „Verändere das Wort!"

Wortlistendiktat

Saal, strafen, Pfand, sich wehren, Tempo, Kaffee, Lawine, Schiene, beginnen, Telefon, hören, Ohr, Kolonne, Rasur, Kummer, Urkunde (Dehnung/Schärfung)

Tanne, wann, Kinn – tanken, Wand, Kind (Schärfung: Konsonantenverdopplung bzw. -häufung)

Hemd – er hemmt, Kante – er kannte (Homophone)

Bei einigen Wörtern kann man durch die Suche nach einem verwandten Wort herausfinden, wie die richtige Schreibung ist. Versucht durch eine Veränderung des Wortes zu erarbeiten, wie es geschrieben wird.

(z.B. Doppelkonsonant wie im Infinitiv: „er kannte" von „kennen" abzuleiten)

Didaktisch-methodischer Kommentar:

Durch eine derartige Wortveränderung wird der Blick zum einen auf die Wortbildung („er hemmt" von „hemmen") gerichtet, zum anderen wird eine Grundregel angeboten, die sich auch auf andere Rechtschreibbereiche übertragen lässt (vgl. gleich und ähnlich klingenden Konsonanten und Vokale): „*Verändere das Wort!*"

Im Bereich Dehnung/Schärfung geht es bei der Wortveränderung um die Frage, von welchem Stammwort das betreffende Wort abgeleitet ist („Hoffnung" von „hoffen", „Bekanntschaft" von „kennen", „geruhsam" von „ruhen", „gespannt" von „spannen"). Bedeutsam wird hier auch die Grundregel „*Sprich deutlich!*", denn die Trennung nach Sprechsilben lässt die korrekte Schreibweise des Stammwortes sehr oft „abhören" („hof-fen", „kennen", „ru-hen", „span-nen").

Genannt seien hier als Ausnahmen, für die die Grundregel „*Verändere das Wort!*" durch eine Rückführung auf das Stammwort nicht zutrifft: „Geschäft" (vgl. „schaffen"), „insgesamt" (vgl. „sammeln"). Hier folgt nach dem kurz gesprochenen Vokal eine Konsonantenhäufung, keine -verdopplung.

2* Der Drache

Ein Bettler klopfte an die Tür eines englischen Gasthauses mit dem Namen „Zum heiligen Georg und dem Drachen". Eine Frau öffnete und blickte mürrisch auf den Fremden. „Haben Sie eine Kleinigkeit zu essen für mich?", fragte er. „Nein!", schimpfte die Frau. „Ich habe nichts übrig für Schmarotzer." Nach einer kurzen Weile klopfte der Bettler noch einmal. Wütend will ihn die Frau erneut abweisen: „Ich habe doch gesagt ...." Der Bettler unterbricht sie mit der höflichen Bitte: „Könnte ich jetzt vielleicht mit Georg sprechen?"

(83 Wörter)

Anregungen für die Textarbeit:
1. Worin liegt der „Witz" dieser Geschichte?
2. Erzählt die Geschichte aus der Sicht der Frau.
3. Schreibt eine Fortsetzung der Geschichte. Wie hat die Frau auf die letzte Frage reagiert?
4. Interpunktion: Zeichensetzung bei der wörtlichen Rede

3 Die Schnecke und der Schnellzug   Paul Keller

Eine Schnecke, die an einem Bahndamm wohnte, ärgerte sich alle Tage über einen Schnellzug, der vorbeisauste und sie durch sein ungeschlachtes Benehmen in ihrem behaglichen Geschäft störte.

„Das will ich ihm austreiben!", sagte die Schnecke zu sich selbst, stellte sich zwischen den Gleisen auf und streckte drohend ihre Fühler aus, als sie den Zug in der Ferne auftauchen sah. „Niederstoßen werd ich ihn!", sagte sie voll grimmen Mutes.

Der Zug kam heran und brauste über die Feindin hinweg. Die Schnecke drehte sich um und sah dem Davoneilenden nach.

„Er hält nicht stand", sagte sie verächtlich, „er reißt aus, er ist ein Feigling."

(107 Wörter)

(aus: P. Keller: Von kleinen Leuten und großen Dingen. Erzählungen, Bergstadtverlag, München 1973)

---

* Mit den hier im Teil A folgenden Ganztextdiktaten wird eine Verbindung zwischen der isolierten Betrachtung von Rechtschreibphänomenen und dem Umgang mit Texten angestrebt. Die kleinen Übungsdiktate dienen, nach Schwierigkeitsgrad jeweils gestaffelt, der Anwendung der erarbeiteten Grundregeln; gleichzeitig wird aber auch der Text, dem Prinzip der Integration folgend, nicht mehr einseitig funktionalisiert, sondern es werden auch nicht-orthographische Momente (Inhalt, Sprachgestaltung) des Textes ins Blickfeld gerückt.

Anregungen für die Textarbeit:

1. Wie versteht ihr den Satz „Er hält nicht stand"? Hat die Schnecke nicht Recht?
2. Vergleicht diese Fabel mit jener von W. Schnurre: „Vergeudeter Mut" (Diktat 4).
3. Rechtschreibung: Erarbeitung der Zusammen- und Getrenntschreibung („vorbeisauste", „niederstoßen") und der Groß- und Kleinschreibung („dem Davoneilenden", „hält stand")
4. Interpunktion/Grammatik: Zeichensetzung bei der wörtlichen Rede; Unterscheidung von Haupt- und Nebensatz (Stellung des finiten Verbs, Umformung von Hypotaxe in Parataxe am Beispiel von Satz 1 des Textes)

Didaktisch-methodischer Kommentar:

Im Vergleich mit der Schnurre-Fabel (s. Diktat 4) können die immanenten Unterschiede zugleich als Ansatzpunkt für eine Textdeutung dienen (vgl. Wahl der Tiere, unterschiedliche Situation).

Im Bereich „Interpunktion/Grammatik" wird durch die Satzanalyse eine wichtige Regel der Zeichensetzung einsichtig gemacht: Hauptsatz und Nebensatz werden durch Komma getrennt, wobei das finite Verb im Nebensatz an letzter Stelle, im Hauptsatz an zweiter steht. Als eher spielerische Hinführung zu dieser Regel eignet sich auch das umgekehrte Vorgehen: Aufgabe: Verbindet die folgenden Sätze zu einem einzigen Satz:
„Es regnet heftig. Peter spannt den Schirm auf. Sein neuer Pullover soll nicht nass werden." Wie verändert sich die Stellung des Verbs? Welche neuen Wörter treten auf? Bildet selbst Sätze, die ihr dann in Satzgefüge umformt.

4 Vergeudeter Mut — Wolfdietrich Schnurre

Ein Hase, der nachts eine Bahnlinie entlanglief, geriet in das Scheinwerferpaar einer heranbrausenden D-Zug-Lokomotive. Nachdem er fruchtlos ein Stück vor ihr hergesaust war, legte er die Ohren an und erwartete, überfahren zu werden. Da er sich aber zwischen die Schienenstränge geduckt hatte, fuhr der Zug, ohne auch nur ein Schnurrbarthaar zu verletzen, über ihn weg. Als der Hase begriffen hatte, dass er noch lebte, warf er sich in die Brust. „Schade, dass niemand gesehen hat, wie ich mit ihm fertig geworden bin."   (84 Wörter)

(aus: W. Schnurre: Der Spatz in der Hand, © 1973 by Langen Müller in der F. A. Herbig Verlagsbuchhandlung GmbH, München)

Anregungen für die Textarbeit:

1. Vergleich mit Diktat 3 (P. Keller, Die Schnecke und der Schnellzug)
2. Rechtschreibung: Erarbeitung der Zusammen- und Getrenntschreibung („entlanglief", „heranbrausenden", „hergesaust", „fertig geworden" – jemanden fertig machen)
3. Interpunktion: Konjunktionalsatz, erweiterter Infinitiv mit „zu" (Satzbauanalyse des Textes)

5 Die Sinnesorgane des Hundes

Im Gegensatz zu manchen Menschen haben Hunde ein gutes Gedächtnis. Sie verfügen auch über einen ausgeprägten Geruchssinn und ein sehr feines Gehör. Wegen dieser wertvollen Eigenschaften richtet man Hunde auf solche Tätigkeiten ab, bei denen sie ihre empfindlichen Sinne zum Nutzen ihrer Besitzer anwenden können. Wenn Hunde Verbrecher verfolgen, im Gepäck Reisender an der Grenze nach Rauschgift schnüffeln, im Schnee einen durch eine Lawine verletzten Mann aufstöbern oder auf einem Streifengang mit einem Polizisten nach Verdächtigem Ausschau halten, sind sie in ihrem Element. Wo wir längst aufgeben müssen, nehmen Hunde auch kleinste Spuren noch wahr, etwa bei der Suche nach einem Vermissten. Selbst nachts im Schlaf reagieren sie noch auf sehr schwache Geräusche. Ein gut ausgebildeter Wachhund warnt zuverlässig durch Bellen vor Gefahren. Häufig reicht aber bereits ein kräftiges Knurren, um einen Fremden in die Flucht zu schlagen. (142 Wörter)

Anregungen für die Textarbeit:

1. Erarbeitung der Groß- und Kleinschreibung des Textes (Substantivierung von Adjektiven und Verben: Substantiv wird zum Adverb: „nachts" – aber: eines Nachts)
2. Erarbeitung der Zusammen- und Getrenntschreibung: Aus welchen Teilen setzt sich jeweils das Verb zusammen: „verfügen, ausprägen, anwenden, verfolgen, aufstöbern, aufgeben, wahrnehmen, ausbilden"? Warum muss hier zusammengeschrieben werden? Vergleicht die beiden Sätze: Ein Knurren reicht, um ihn in die Flucht zu schlagen. – Er wollte ihr die Tür vor der Nase zuschlagen. (Worin besteht der Unterschied? Formuliert eine Rechtschreibhilfe und überprüft sie an ähnlichen Beispielen.)

4. Schwierigkeiten im Bereich „Dehnung/Schärfung" und Übungsmöglichkeiten

Wortlistendiktat

Adresse, galoppieren, insgesamt, Schikane, Schuppen, Brombeere, stoppen, Mikroskop, Besenstiel, Bekanntschaft, Millionen, Kollege, Intelligenz, Herberge, Satellit, Parallele, attraktiv, nummerieren

Schlagt die Wörter, falls ihr sie nicht sicher schreiben könnt, im Duden nach. Könnt ihr die Schreibweise begründen?

Versucht eine Geschichte zu erfinden, in der möglichst viele dieser diktierten Wörter vorkommen.

Sucht andere Beispiele für schwierige Schreibungen von Dehnung und Schärfung. Schreibt daraus ein Diktat mit „Fallen" für ältere Schüler, Lehrer oder Eltern.

Didaktisch-methodischer Kommentar:

Dem Prinzip einer regelmäßigen Wiederholung soll durch das Wortlistendiktat und durch das Suchen eigener Beispiele Rechnung getragen werden. Das Erfinden eigener Geschichten, auch offensichtlich „unsinniger", oder das Verfassen eigener Diktate gestaltet diese Wiederholungsphase motivierender und betont die Eigentätigkeit des Schülers. Gerade ein solcher Umgang mit Sprache fördert nicht nur die Kreativität, sondern trägt zu einer Sensibilisierung für Sprache über das eigene sprachliche Handeln bei.

Übertragung auf den Lernbereich „Grammatik"

Aufgabe: Konjugiert folgende Verben im Präsens und Präteritum der 2. Person Singular: laufen, stürzen, hoffen, schlafen, stöhnen, pfeifen, sehen. Begründet die Schreibweise. Untersucht andere Verben nach diesem Verfahren. Achtet darauf, wie jeweils das Präteritum gebildet wird.

Didaktisch-methodischer Kommentar:

Durch die Zusammenstellung einer Liste schwach und stark flektierter Verben werden die unterschiedlichen Schreibweisen und Bildungen ins Blickfeld gerückt. Dies erscheint umso wichtiger, als Schüler die korrekte Präteritum-Form auch für die Bildung des Konjunktivs (Konj. II) benötigen, die ihnen häufig Schwierigkeiten bereitet. Von der Konjugation ließe sich auch ein Bezug zum Bereich „s-Laute" herstellen (vgl. du hast – du hasst).

Besonderheiten der Dehnung: Homophone

Da nach der Strukturregel (vgl. 1, 1) mehrere Möglichkeiten bestehen, die Dehnung zu kennzeichnen, kommt es auch zu Überschneidungen. Rechtschreibhilfen sind hier schwerlich denkbar, denn es handelt sich um willkürlich wirkende Setzungen, die allein der semantischen Differenzierung dienen. Die Schreibweise der betreffenden Wörter muss deshalb in Verbindung mit ihrer unterschiedlichen Bedeutung gelernt werden.

Wortlistendiktat

Die folgenden Wortpaare sind verzwickt: Die Wörter klingen zwar gleich, meinen aber Verschiedenes und müssen deshalb auch in ihrer Schreibweise unterschieden werden. Stellt gegenüber: Lid – Lied, malen – mahlen, Stil – Stiel, leerer – Lehrer, leeren – lehren, Mine – Miene, uralt – Uhrmacher, mehr – Meer.
Erklärt die unterschiedliche Bedeutung der Wörter, indem ihr mit ihnen Sätze bildet. Sucht Wortverbindungen.
Kennt ihr ähnliche Wortpaare? Schlagt im Duden nach.

Didaktisch-methodischer Kommentar:

Die Zusammenstellung und Erarbeitung einer solchen Wortliste mit Homophonen bereitet einmal induktiv auf die nicht-lautlichen Prinzipien der Rechtschreibung vor, zum anderen kann hier bereits auf Möglichkeiten einer nur indirekt regelgebundenen Erlernung (Kontextualisierung, Analogieübungen, Habitualisierung) hingearbeitet werden.

Übungsmöglichkeiten

1. Wortlisten erstellen; durch die Einbettung in einen semantischen Kontext kann die differenzierende oder logische Leistung der Schreibweisen verdeutlicht werden. Beispiele: Wal – Wahl, Moor – Mohr, wiedergeben/wiederholen – widersprechen/widerspiegeln.
2. Diktat, Veränderung des Wortes, um die Herkunft oder die Verwandtschaft der Schreibung zu verdeutlichen. Beispiele: Bekanntschaft – kennen, irrtümlich – irren.
3. Anlegen eines Rechtschreibheftes; Aufschreiben aller im Unterricht besprochenen oder selbst erarbeiteten Schwierigkeiten aus dem Bereich „Dehnung/Schärfung" (Habitualisierung).
4. Spielerisches Anwenden einzelner besonders schwer zu merkender Wörter; Möglichkeiten: Ordnen von „Buchstabensalat", Rätselformen, Buchstabentransformation. Beispiele:
   a) Sucht zu folgenden Wörtern die passenden Fremdwörter: ungesetzlich, gleichlaufend, angriffslustig, Befehlshaber, Hochschullehrer.
   b) Rätsel: Was ist das? Das Lösungswort trägt immer ein „pp" in der Mitte: ein Aufruf – Hunger – gegnerische Partei – Beifall.

II. Gleich und ähnlich klingende Konsonanten und Vokale

1. Gleich und ähnlich klingende Konsonanten – Erarbeitung zweier Grundregeln

Wortlistendiktat

Untersucht die folgenden Wörter. Welche Rechtschreibschwierigkeiten tauchen auf?
Das Lob, sie lobt, er pumpt, das Mikroskop, sein Hab und Gut, endlich, enttäuschend, entsetzlich, er trinkt, ihr sagt, sie klagt, klug, die Bank, sie fielen, seit vielen Jahren, ihr seid gastfreundlich, allmählich, freudig, neblig, die Pflaume, die Fliege, er hilft, er hüpft davon, todkrank, totschlagen.
Verändert die Wörter so, dass eindeutiger gehört werden kann, wie der fragliche Konsonant geschrieben werden muss.
Welche Rechtschreibregel könnt ihr daraus ableiten? Auf welche Wörter lässt sie sich nicht anwenden? Begründet.
Findet andere Beispiele.

Didaktisch-methodischer Kommentar:

Die Grundregel „*Verändere das Wort!*" (vgl. 1, 3) kann im Bereich „Gleich und ähnlich klingende Konsonanten" bereits in sehr vielen Fällen die dem Prinzip der Worttreue folgende Rechtschreibung klären. Folgende sprachliche Operationen sind hilfreich:
– Bildung des Genitivs („des Lobes")
– Rückführung auf den Infinitiv („loben")
– Bildung des Plurals („die Mikroskope")
– Bildung des Komparativs („klüger")
Die Beachtung der Grundregel „*Sprich deutlich!*" ist hier eine wesentliche Voraussetzung dafür, die Veränderung richtig auszuwerten.
Die Wortliste ermöglicht die Einführung einer weiteren Grundregel: „*Frage nach der Bedeutung des Wortes!*" Sie erweist sich als hilfreich, wenn grammatikalische Veränderungen als Prüfverfahren ausscheiden. Eine semantische Differenzierung oder Ableitung bietet sich an bei den Silben „end-" und „ent-" („end-" stammt von „am Ende") oder „tod-" und „tot-" („tod-" leitet sich von „zu Tode" ab, „tot-" von „töten"). Auch die *Frage nach der Wortart* kann beim Lernen der korrekten Schreibweise nützlich sein (vgl. „fielen" – „vielen", „seid" – „seit").
Bestimmte Wörter lassen sich aber durch die genannten Grundregeln nicht erfassen, sie müssen einzeln geübt und eingeprägt werden (z.B. „Herbst", „Haupt", „Vogel", „Fohlen").

2. Anwendung der Grundregeln und einige Besonderheiten

Die Anwendung der Grundregel „*Sprich deutlich!*" auf ähnlich klingende Konsonanten ist sicherlich je nach Sprachlandschaft regional unterschiedlich erfolgreich (Einfluss der Mundarten). Wo ein Wort nach seiner Aussprache nicht eindeutig zu schreiben ist, hilft meistens die Grundregel „*Verändere das Wort!*" weiter.

Aufgabe:

Könnt ihr Witze erfinden, die auf einem Missverständnis beruhen, das durch eine undeutliche Aussprache entsteht? Vergleicht (Wortlistendiktat!): Flug – Pflug, er singt – er sinkt, Teig – Teich, er kriecht – er kriegt, er taucht – er taugt, er liegt – Licht.
Ihr könnt auch andere Wortpaare, die zum Verwechseln ähnlich klingen, für eure Witze suchen.

Didaktisch-methodischer Kommentar:

Im spielerischen, kreativen Umgang mit dem Phänomen ähnlich klingender Konsonanten macht sich der Schüler hier durch die Gegenüberstellung im Kontext die bedeutungsunterscheidende Leistung der betreffenden Konsonanten bewusst. Zugleich kann die Aufgabe, eine komisch misslungene Kommunikation darzustellen, die aus einer undeutlichen Aussprache bzw. aus einer falschen Schreibung entsteht, dazu dienen, die Einsicht der Schüler in die Notwendigkeit von Rechtschreibkonventionen zu fördern.

6 Über das Geld

Geld ist unentbehrlich. Man braucht es im Zahlungsverkehr, als Tauschmittel für andere Wertgegenstände oder als Entgelt für eine Dienstleistung. Was macht man aber, wenn man über kein Geld verfügt oder wenn man versehentlich seine Geldbörse vergessen hat und nicht bezahlen kann? Gelegentlich kann ein guter Freund aus solcher Verlegenheit helfen, manchmal genügt dem Verkäufer auch ein Pfand; meistens jedoch muss man, wenn es am nötigen Geld fehlt, auf die Erfüllung seines Wunsches vorläufig verzichten.

(77 Wörter)

Anregungen für die Textarbeit:

1. Versucht mit Hilfe dieses Textes und eines Lexikons zu erklären, was Geld ist.
2. Rechtschreibung: Verändert fragliche Wörter so, dass man die korrekte Schreibweise besser hören kann.

Didaktisch-methodischer Kommentar:

Durch die Erarbeitung einer Definition von „Geld" erfolgt eine Begriffsschulung. Zugleich kann es reizvoll sein, ein entsprechendes Wortfeld zu erstellen und dabei auch unterschiedliche Sprachebenen anzusprechen (z.B. Knete, Kies, Mäuse, Mammon) und in ihrer Funktion zu analysieren.

Durch die Grundregel *„Verändere das Wort!"* nicht erfasst wird das eingeschobene „t" in „versehentlich" und „gelegentlich"; es lässt sich nur aus phonetischen Gründen rechtfertigen (s.u.). Die Schreibung der Vorsilbe „ent-" in „unentbehrlich" und „Entgelt" lässt sich über die Bedeutungsregel ermitteln (Unterscheidung vom Wortstamm „end-").

Wortlistendiktat

Schreibt die folgenden schwierigen Wörter und erklärt die Schreibung mit Hilfe der Veränderungs- und der Bedeutungsregel.
In welchen Fällen lassen sich diese beiden Grundregeln nicht sinnvoll anwenden?
jugendlich, Endspiel, unendlich, endgültig, vollends, Entstörung, entfernen, ordentlich, wesentlich, eigentlich, er lädt ein, er sandte einen Brief, Rom und Paris sind Hauptstädte, die Stätte seines Wirkens war Rom, sie ist gewandt, das Gewand, meine Verwandtschaft, eine flüchtige Bekanntschaft.

Didaktisch-methodischer Kommentar:

Die Vorsilbe „ent-" lässt sich über eine Abgrenzung zum Wortstamm „end-" (im Sinne von „am Ende") herleiten; ergänzend ist hier auch auf die Nachsilbe „-end" beim Partizip Präsens hinzuweisen („laufend", „ermutigend"). Das „t" in „ordentlich", „Bekanntschaft" u.a. wurde zur Ausspracheerleichterung eingeschoben, ist also phonetisch zu begründen (vgl. Diktat 6). Ausnahme: „jugendlich".

Das „dt" kann als grammatikalisches Phänomen erklärt werden: Das ursprünglich vor dem „t" stehende „e" der Personalendung ist entfallen (lädt – laden, sandte – senden, gewandt/verwandt – wenden). Angesichts der Ausnahmen (er lud, Versand, Gewand) erscheint es sinnvoll, diese Wörter auf „dt" einzeln zu lernen: so auch „Stadt" und „Statt", wenngleich sich deren Schreibweise wiederum über eine semantische Klärung (große Siedlung – Stelle, bestimmter Ort) ermitteln lässt.

3. Gleich und ähnlich klingende Vokale – Erarbeitung einer Grundregel

Wortlistendiktat

Untersucht die Schreibung der folgenden Wörter und formuliert eine Schreibregel.
alt – älter, lang – die Länge, Jahr – einjährig, Kraft – kräftig, der Wind säuselte in den Blättern, das Feuer erleuchtete die Nacht taghell, mächtig, heute, Verkäufer, säubern, heulen, säuerlich, neulich, träumen, aufwändig, überschwänglich

Didaktisch-methodischer Kommentar:

Die richtige Schreibweise gleich und ähnlich klingender Vokale (am häufigsten sind „e" – „ä" und „eu" – „äu", selten „ei" – „ai", regional bedeutsam [Mundart] auch „i" – „ö" – „ü") lässt sich meistens mit Hilfe der Grundregel *„Verändere das Wort!"*, nämlich durch die Überprüfung der Wortverwandtschaft klären: Steht im Grundwort der Vokal „a", wird zu „ä" umgelautet (ähnlich beim Diphthong „au" im Grundwort: Umlautung zu „äu"), anderenfalls bleibt das „e" des Grundwortes auch in den Wortableitungen erhalten (säuerlich – sauer,

Häute – haut, Gesetz – setzen). Hinzuweisen ist hier auf die Bildung des Konjunktivs II
starker Verben, die im Präteritum ein „a" haben und entsprechend im Konjunktiv II auf „ä"
umlauten, unabhängig vom jeweiligen Infinitiv als Grundwort (sehen – sah – sähe, geben –
gab – gäbe, geschehen – geschah – geschähe). Ferner sind als Ausnahmen zu lernen: „Eltern" (alt), „Mehl" (mahlen), „merken" (Marke), „Greuel" (Grauen).
Wo sich keine Wortverwandtschaft als Rechtschreibhilfe erkennen lässt, muss die richtige
Schreibung gelernt werden: das gilt etwa für jene Wörter, die schon im Grundwort ein „ä"
enthalten (z.B. Käfer, schräg, spät, Lärm, fähig).
Die Unterscheidung von „i" – „ö" – „ü" oder „eu" – „ei" müsste durch eine deutliche Aussprache stets gelingen.

7 Die Entscheidung

Ein gelehrter Mann, der bei seinen Kollegen für seine äußerst sorgfältige, aber auch
sehr unentschlossene Art bekannt war, machte neulich Urlaub auf einem Bauernhof. Da
er schlecht untätig bleiben konnte, bot er dem Bauern seine Hilfe an. Der nahm den
freundlichen Vorschlag gern an und bat seinen Gast, in der Scheune für die Bäuerin
einen Beutel mit Kartoffeln in große und kleine zu sortieren.
Wie überrascht war aber der Bauer, als er später in die Scheune zurückkehrte und der
kluge Mann nicht eine Kartoffel angerührt hatte. „Strengt Sie die Arbeit zu sehr an?",
fragte der Bauer höflich. „Nein, das nicht", entgegnete der Professor, „aber es ist so
schwer, sich zu entscheiden."   (113 Wörter)

Anregungen für die Textarbeit:

1. Zunächst nur bis „... sortieren" diktieren: Welche Hinweise gibt der Text bisher auf
   den Ausgang der Geschichte? Schreibt eine eigene Fortsetzung (Vergleich mit dem
   anschließend diktierten Schluss).
2. Interpunktion: Komma beim erweiterten Infinitiv mit „zu"

Didaktisch-methodischer Kommentar:

Dieses Diktat dient der Anwendung der Grundregeln *„Sprich deutlich!", „Verändere das
Wort!"* und *„Frage nach der Bedeutung des Wortes!",* bezogen auf gleich und ähnlich klingende Vokale und Konsonanten und auf den Bereich „Dehnung/Schärfung". Zur Wiederholung
ist es auch sinnvoll, anhand einzelner Wörter des Textes („gelehrt", „sorgfältig", „unent-
schlossen" u.a.) Wortlisten erarbeiten zu lassen, die die einzelnen Schwierigkeiten mit weiteren Beispielen verdeutlichen und die richtige Schreibweise einüben.
Durch eine eigene Fortsetzung der (ohne den Schluss diktierten) Geschichte wird der
Schüler nicht nur zu aktivem sprachlichen Handeln ermuntert, er zeigt auch immanent eine
interpretatorische Leistung, indem er die Textsignale registriert, deutet und in seine Pointe
einbringt.

4. Homophone

Homophone sollen hier im Blick auf gleich klingende Vokale aufgeführt werden (vgl. 1, 4:
Dehnung und Homophone); durch korrekte Aussprache zu differenzierende Wörter („bän-
digen" – „beendigen") werden dabei nicht berücksichtigt.
Einige der Homophone können durch eine Wortveränderung in ihrer Schreibung ermittelt
werden (Veränderungs- und Bedeutungsregel). Eine wichtige Entscheidungshilfe bietet der
jeweilige Kontext: „Du hängst ein Bild auf." (hängen, gehangen) – „der Hengst", „Die Häute
werden gegerbt." (Haut) – „heute Morgen", „Die Glocken läuten." (laut) – „Er sah den
Leuten zu." „Wir lösen schwierige Fälle." (Fall) – „Kaninchenfelle", „die Sätze des Diktats"
(Satz) – „Setze das Wort in Klammern!"

Gleichfalls entscheidend ist der Kontext auch für die korrekte Schreibung folgender Homophone, doch hilft hier keine der Grundregeln weiter; diese Wörter müssen einzeln gelernt werden: „Seite – Saite", „Waise – Weise", „Lerche – Lärche", Laib – Leib". Das Einprägen dieser letztgenannten Homophone sollte aber nicht in Form einer Wortliste, sondern eingebettet in einen Satzzusammenhang erfolgen, der die jeweilige Wortbedeutung klärt.

5. Ein Diktat zur Wiederholung

8 **Lärm**

Lärm schädigt die Gesundheit, darüber sind sich alle Wissenschaftler einig. Das dröhnende Flugzeug am Himmel, heulende Sirenen, kreischende Straßenbahnen in der Kurve, quietschende Reifen der Autos strapazieren unsere Ohren und zerren an unseren Nerven; die ständige Lärmbelästigung macht uns gereizt, ungeduldig und nervös.
Aber Geräusche gehören nun einmal zu unserer Welt. Ob wir sie als quälend laut empfinden oder ob wir nicht so stark darauf reagieren, hängt auch von unserer Anpassungsfähigkeit und unserer Einstellung ab. Die Saite einer Violine klingt für manche Ohren aufdringlich; der Gesang eines Vogels kann bezaubernd und kann störend sein, das Läuten der Glocken erscheint nicht jedem wie Musik – Töne können unangenehm wirken oder uns entzücken. Man denke auch an das Rufen spielender Kinder, das manchen Leuten die Mittagsruhe raubt, anderen aber frohe Erinnerungen an die eigene Jugend wachruft. Selbst in den eigenen vier Wänden geht es nicht immer leise zu: Wir sprechen, singen, lachen, rufen, ja schreien sogar, um uns verständlich zu machen oder um einfach zu zeigen, dass wir uns freuen.
Wir leben mit einer Geräuschkulisse. Stärkerer Lärm ist manchmal unvermeidbar, gelegentlich jedoch mit Rücksicht auf unsere Mitmenschen auch wirksam zu dämpfen.

(189 Wörter)

Anregungen für die Textarbeit:
1. Erarbeitung des Wortfeldes „Lärm": Welche sprachlichen Möglichkeiten gibt es, ein Geräusch zu benennen und zu bewerten? (Wortliste mit Substantiven, Adjektiven, Verben zusammenstellen).
2. Rechtschreibung: Überprüft, welche Schreibung durch eine Wortveränderung erklärt werden kann, welche nicht.
3. Interpunktion: Komma bei Aufzählungen, Satzreihen

III. s-Laute

Unterscheidung zwischen stimmlosem und stimmhaftem „s"

Wortlistendiktat

Die richtige Schreibung der s-Laute könnt ihr in vielen Fällen durch genaues Sprechen klären. Dazu müsst ihr zwischen dem stimmlosen („scharfen") und dem stimmhaften („weichen") s-Laut unterscheiden. Vergleicht:
Rasen, Besen, Wiese, Hose, Gräser, böse, Düse, Eisen, lesen ...
Straße, gießen, stoßen, Füße, außen, beißen ...
Kasse, essen, wissen, Flosse, Busse, lässig, Rüssel ...
Stellt Gemeinsamkeiten und Unterschiede dieser Wörter fest. Findet weitere Beispiele und ordnet sie den drei Gruppen oben zu.

Didaktisch-methodischer Kommentar:

Entscheidend ist die Differenzierung von stimmhaftem und stimmlosem „s" und von langem und kurzem Vokal vor dem s-Laut.
Bevor die Strukturregel formuliert werden kann, müssen die *stimmlosen s-Laute* noch genauer betrachtet werden. Dazu dienen die folgenden Übungen.

Wortlistendiktat

Vergleicht die Schreibweise und die Aussprache der folgenden Wörter:
Kuss – Küsse, hassen – er hasst – hässlich, lassen – er lässt – lass (der Anlass, der Erlass), essen – er isst, fressen – er frisst – der Fraß, Nässe – nass, messen – er misst – das Maß. Straße, Fuß – Füße, gießen – der Guss, Fleiß – fleißig – beflissen.
Welche Regelhaftigkeit kann man aus diesen Beispielen erkennen?

Didaktisch-methodischer Kommentar:

Aus den Beispielen lässt sich ablesen, dass ein stimmloses „s" nach einem kurzen Vokal stets „ss" geschrieben wird; nach einem langen Vokal oder einem Diphthong steht „ß".
Allerdings hilft diese Regel nicht in allen Fällen weiter.
Vergleiche: Mus, Gras, Verlies; aber: er verließ das Haus.

Aufgabe:

Versucht, die Schreibweise der s-Laute in den folgenden Sätzen zu begründen.
(Diktat) Er liest ein Buch. Er heißt Peter. Sein Näschen ist schon ganz nass. Er niest. Er lag im nassen Gras. Sie weist ihm den Weg. Weißt du noch, wie ich heiße?

Didaktisch-methodischer Kommentar:

Ein stimmloser s-Laut wird nicht immer „ss" oder „ß" geschrieben. Die Grundregel *„Verändere das Wort!"* hilft weiter mit einer Rückführung auf das Stammwort („er niest" – niesen, „das Näschen" – Nase) oder mit einer Pluralbildung („Gras" – Gräser), die die Schreibung mit „s" erkennen lassen, weil der s-Laut im verwandten Wort stimmhaft gesprochen wird. Ein stimmhafter s-Laut aber wird immer mit einfachem „s" geschrieben.

Aufgabe:

Sucht – ähnlich wie bei einem „Teekesselchen-Spiel" – gleich klingende Wörter mit einem s-Laut, der aber im zweiten Wort anders geschrieben werden muss, wobei auch die Bedeutung jeweils unterschiedlich ist. Bildet Sätze mit diesen Wörtern, aus denen die unterschiedlichen Bedeutungen klar werden.
(Diktat:) er reist (er reißt), sie misst (der Mist), eine Frist (er frisst), du hast (sie hasst), der Biss (bis), ich verließ (das Verlies), fast (er fasst), sie isst (er ist).

Didaktisch-methodischer Kommentar:

Durch die spielerische Erarbeitung der Homophone (der Lehrer diktiert ein Wort, der Schüler ergänzt das entsprechende gleich klingende Wort und erklärt die Schreibung und Bedeutung der Homophone) übt der Schüler die Anwendung der Grundregel *„Verändere das Wort!"* im Blick auf die s-Laute und erkennt so die Möglichkeit, zwischen stimmlosem „s" und „ß" sicher zu unterscheiden.

9 Im Regen

Der Regen prasselt nur so herunter. Unser weißer, großer Kater sitzt vor dem Haus und fühlt sich ziemlich unwohl. Er ist schon ganz nass. Das Wasser läuft über die Straße, den Fußweg, den Rasen; alles ist so ungemütlich draußen, dass unser Kater am liebsten die Wärme vor der Heizung genießen würde. Aber die verschlossene Tür bildet ein unüberwindliches Hindernis. Alles Kratzen ist aussichtslos. Missmutig starrt der Kater auf die abweisende Tür und schließlich auch auf mich, als ich, selbst völlig durchnässt, nach Hause komme und uns die Tür aufschließe. (91 Wörter)

Anregungen für die Textarbeit:

1. Schildert eure Beobachtungen an einem Regentag.
2. Rechtschreibung: Versucht, die Regeln zur Schreibung der s-Laute zusammenzufassen. Benutzt dabei die Begriffe „stimmlos", „stimmhaft", „kurzer", „langer Vokal".

Didaktisch-methodischer Kommentar:

Bei der Erarbeitung der zwar durchweg logischen, aber recht komplizierten Schreibweise der s-Laute erscheint es sinnvoll, die *Strukturregeln* in einer Tabelle mit entsprechenden Beispielen zusammenzustellen, wie es etwa folgende Schematisierung vorführt:

s-Laute

stimmhaftes „s"	stimmloses „s"
„s" (See, Rasen, beweisen)	„ß" nach langem Vokal oder Diphthong, wenn im Wortstamm kein weiterer Konsonant folgt (Ruß, Gruß, Straße, gießen, außen – er grüßt, du weißt)
	„ss" nach kurzem Vokal (hassen, Schlüssel, der Kuss, er wusste, er lässt, er fasst)
	„s" am Wortende (Gans, Haus, Glas – stimmhaftes „s" im Plural), bei Verben, deren Infinitiv ein stimmhaftes „s" hat (er liest, er verreist, er sauste) und bei folgendem Konsonanten im Wortstamm (meistens, Hast); Grundregel: „Verändere das Wort!" Merken: aus, bis (aber: ein bisschen!), Endung -nis (Hindernis)

Bei einer solchen Systematisierung zeigt sich aber immer wieder die Notwendigkeit, das fragliche Wort gemäß der Grundregel *„Verändere das Wort!"* in geeigneter Weise abzuleiten, um so die korrekte Schreibung überprüfen zu können („aussichtslos" – aussichtslose Lage, „Hals" – Hälse). Eine zu abstrakte Übung verwirrt die Schüler eher; die Beispiele sollten daher nicht für sich betrachtet, sondern stets im Kontext reflektiert werden.

2. „das" und „dass"

Aufgabe:

Untersucht die folgenden Vertauschungen.
„Er sagte ein Wort."
„Er sagte dies."
„Er sagte etwas zu seinem Kollegen."
„Er sagte, dass er Hunger habe."
„Der Angeklagte bewies seine Unschuld."
„Der Angeklagte bewies, dass er unschuldig war."
Welche grammatikalische Funktion übernimmt hier der „dass"-Satz?
Vergleicht damit die Funktion von „das" in den beiden folgenden Sätzen:
„Das blaue Haus sieht freundlich aus."
„Das Haus, das blau ist, sieht freundlich aus."
Um welche Wortarten handelt es sich jeweils? Worauf bezieht sich das Wort „das" im zweiten Beispiel?

Didaktisch-methodischer Kommentar:

Die bekannte Merkhilfe („,das' wird mit ,s' geschrieben, wenn man ,dieses' oder ,welches' dafür einsetzen kann") wird so umformuliert, dass der eher vage Zugriff des Beschreibens durch eine *Grundregel* ergänzt werden kann, die die grammatikalischen Bezüge zum Ausgangspunkt nimmt: „,*das' schreibt man, wenn es sich um einen Artikel oder ein Pronomen handelt; liegt eine Konjunktion vor, schreibt man ,dass'*". In den vorliegenden Sätzen der Aufgabe leitet „dass" einen Konjunktionalsatz (Objektsatz) ein, „das" als Relativpronomen einen Relativsatz. (Es muss dem Lehrer überlassen bleiben, ob in seiner Lerngruppe alle unterschiedlichen Formen der Konjunktionalsätze untersucht werden sollen.)

Aufgabe:

Bestimmt jeweils die grammatikalische Funktion (Wortart, Satzglied) des Wortes „das" bzw. „dass" in den folgenden Sätzen.
(Diktat): Das kommt davon, dass man nicht aufpasst. Ich hätte dir gleich sagen können, dass das ein Reinfall wird. Wenn man nie übt, kann man natürlich das Diktat auch nicht ausreichend schreiben. Aber dass du das nur weißt: Vor der nächsten Arbeit wird das alles nachgeholt! Das ist ja wohl klar!

Didaktisch-methodischer Kommentar:

Dieses Übungsdiktat mit der Ballung von „das"- und „dass"-Fügungen trägt in konzentrierter Form zur bewussten Abgrenzung der beiden Schreibweisen bei. Die eingeführte Grundregel wird angewendet und überprüft; die Frage nach dem Satzglied erklärt die Schreibweise, indem die grammatikalische Funktion gedeutet wird: „das" nimmt hier z.B. die Stelle des Subjekts („das kommt davon") oder des Objekts („.... du das nur weißt") ein, der „dass"-Satz steht anstelle eines Objekts („...., dass das ein Reinfall wird") oder eines Gliedsatzes, der einen Befehl ausdrückt („Aber dass du das nur weißt").

10 Detektivroman und Kriminalroman

Der Kriminalroman handelt zumeist von einem Verbrechen, das aufgeklärt und dann gebüßt werden muss. Das hat er mit dem Detektivroman gemeinsam. Dieser beginnt allerdings meistens mit einem Rätsel, das im Laufe der Erzählung gelöst wird. Die Aufgabe des Lesers besteht darin, dass er miträt. Der Held ist gleichzeitig der Detektiv, der den Fall zu lösen versucht, aber auch den Leser auf falsche Fährten locken kann. Spannung wird also durch den Vorgang der Verbrechensaufklärung erzeugt.
Der Kriminalroman dagegen legt das Schwergewicht auf das Verbrechen, seine Ausführung und Entdeckung. Spannung und Interesse des Lesers sind auf das Schicksal einzelner Personen gerichtet, nicht darauf, dass das Verbrechen aufgeklärt wird, das häufig auch erst im Laufe der Geschichte geschieht. Ein typisches Beispiel ist der Fernsehkrimi. Hier weiß der Zuschauer sofort, dass ein Mord passieren wird, wer der Täter ist und dass er schließlich überführt wird. Spannung wird durch Höhepunkte der Handlung erzielt, nicht dadurch, dass der Zuschauer auf den Ausgang des Geschehens neugierig ist.
(163 Wörter)

Anregungen für die Textarbeit:

1. Erarbeitung der Textsorte „Detektiv / Kriminalroman" (Begriff der „Spannung" und der „offenen Situation", literarische und triviale Form des Detektivromans)
2. Verfassen einer kurzen Detektiv- oder Kriminalerzählung nach einer Vorlage (z.B. Zeitungsnachricht) unter Berücksichtigung der erarbeiteten Gattungsmerkmale (Entwerft zunächst eine Gliederung und eine Handlungsskizze.)
3. Interpunktion: Komma beim Relativsatz und beim Konjunktionalsatz

IV. Groß- und Kleinschreibung

1. Wiederholung der bekannten Regel zur Groß- und Kleinschreibung

Aufgabe:

Die wichtigste Regel zur Groß- und Kleinschreibung kennt ihr bereits. Wiederholt sie anhand der Beispielsätze.

„Der Kluge gibt immer nach." – „Das Bellen des Hundes störte alle Nachbarn." – „Er verletzte sich beim Laufen." – „Es gibt nichts Schlimmeres, als nachts nicht schlafen zu können."

Findet andere Beispiele, bei denen sich die Wortart in ähnlicher Weise ändert.

Das letzte der eben genannten Beispiele ist etwas schwieriger. Vergleicht die beiden folgenden Sätze:

„Er ist morgens oft etwas schwerfällig." – „Mir ist am gestrigen Abend etwas Dummes passiert."

Bestimmt die Wortart, indem ihr nach „etwas schwerfällig/etwas Dummes" und nach „morgens/am gestrigen Abend" fragt.

Didaktisch-methodischer Kommentar:

Bei der Wiederholung geht es im Wesentlichen darum, den Schülern die Grundregel „*Nomen werden großgeschrieben, alle anderen Wortarten dagegen klein!*" ins Gedächtnis zurückzurufen und zugleich auf Übertragungsmöglichkeiten dieser Regel hinzuweisen: „*Alle wie Nomen gebrauchten Wörter werden großgeschrieben!*" (Die Schreibung der Zeitangaben wird im folgenden Abschnitt noch ausführlicher besprochen.) Als Ausnahme sind die Ausdrücke „etwas (nichts, genug, viel, wenig) anderes" und „alles (manches) andere" zu nennen: „anderes/andere" muss hier in der Regel kleingeschrieben werden.

Die bedeutungsunterscheidende Funktion von Groß- und Kleinschreibung lässt sich an folgendem Beispiel veranschaulichen: „Ein Deutscher floh aus Persien." – „Ein deutscher Floh aus Persien ..." (Erklärt die unterschiedliche Schreibung und Bedeutung.)

2. Schwierigkeiten im Bereich „Groß- und Kleinschreibung"

Aufgabe:

Untersucht die folgenden Sätze. Achtet dabei besonders auf die Wortarten.

(Diktat:) Er vertritt sein Recht mit allen Mitteln. – Ich will in dieser Sache unbedingt Recht bekommen, auch wenn das Recht nicht auf meiner Seite steht. – Sein Anspruch besteht völlig zu Recht. – Ich kann ihr nichts recht machen. – Du hast Recht, ich habe mich geirrt. Du hast recht getan.

Wenn ihr auf die Wortart achtet, könnt ihr viele Probleme der Groß- und Kleinschreibung lösen. Vergleicht und bildet Sätze.

Im Morgengrauen, morgens, gegen Abend, abends, gestern Abend, morgen Nachmittag; des Mittags, morgen früh, von früh bis abends, am Mittag, heute Morgen, dienstags, dienstagabends, am Dienstagabend;

Recht haben, Angst haben, Rad fahren, im Dunkeln tappen, das Weite suchen, im Wesentlichen, außer Acht lassen, im Voraus, bei Rot, ein Kleid in Blau

Didaktisch-methodischer Kommentar:

Die Begründung der unterschiedlichen Schreibweisen erfolgt über die Grundregel, d.h. der jeweilige Gebrauch als Nomen und als Adverb ist entscheidend. Zur Verdeutlichung bietet sich die tabellarische Gegenüberstellung nach folgendem Muster an. Dies gilt ähnlich auch für vergleichbare Schwierigkeiten:

Gebrauch als Nomen	Gebrauch als Adverb
Sie hat Recht behalten.	Er hat recht daran getan.
Er wollte immer Recht haben.	Du hast dich richtig/recht verhalten.
	Das ist ihr recht.
	Ich habe wohl nicht recht gehört.
Ich habe Schuld; es tut mir Leid.	Der Mann wurde des Mordes schuldig gesprochen.
Er beklagte sein Leid.	Das Gerede ist mir langsam leid.

Nach einem ähnlichen Muster kann die Schreibung der Zeitangaben geübt werden:

Zeitangabe als Nomen	Zeitangabe als Adverb
Es wird Abend.	Sie kommt erst abends.
der/am/jeden/über/gestern Mittag	mittags, morgens
der/am/für Sonntagmorgen	heute Morgen, morgen Nachmittag
des Mittags	von früh bis abends, dienstags, dienstagmittags

Häufig kann die konsequente Frage nach der Wortart die Logik der Schreibung erklären.

Er trieb viele Tage hilflos auf dem Meer.	Er trieb tagelang auf dem Meer.

3. Drei Diktate mit dem Schwerpunkt „Groß- und Kleinschreibung"

11 Liebe Birgit,

es ist schon wieder so lange her, dass du bei uns warst! Seit gestern Abend reden wir nur noch davon, dass du uns in der nächsten Woche besuchen willst. Wir freuen uns alle riesig. Ganz neugierig bin ich auf deinen kleinen Hund. Bring ihn bitte unbedingt mit! Wie heißt er eigentlich? So viel Platz haben wir, dass wir auch ihn noch unterbringen können. Dann könnten wir ihn jeden Abend gemeinsam ausführen. Oder glaubst du, dass er nachts in dem fremden Haus Angst haben wird?
Neulich habe ich mir alle alten Bilder noch einmal angeschaut. Weißt du noch? Im Sommer waren wir bei euch, Weihnachten haben wir uns bei Omi getroffen. Beim Durchblättern der Bilder ist mir aufgefallen, dass du dich im Laufe der Jahre ganz schön verändert hast. Ein bisschen verändert habe ich mich übrigens auch: Am Sonntagnachmittag habe ich mir beim Spielen den Fuß verstaucht. Er ist jetzt etwas dicker geworden, aber es ist nichts Schlimmes. Du wirst sehen, es geht schon wieder prima, wenn du kommst. Dienstag früh hole ich dich dann von der Bahn ab. Bis dahin!

Viele Grüße von deiner Ulrike   (187 Wörter)

Anregungen für die Textarbeit:

1. An einer Stelle ihres Briefes „spielt" Ulrike mit der Bedeutung eines Wortes. Welches Wort ist gemeint? Welche Wirkung erreicht sie damit beim Leser?

2. Rechtschreibung:
   a) Schreibt alle Zeitangaben heraus und verändert sie so, dass kleingeschriebene Angaben großgeschrieben werden müssen – und umgekehrt. (z.B. „nachts" – seit gestern Nacht)
   b) Warum wird „Durchblättern" hier großgeschrieben?
   c) Wiederholung der Schreibung der s-Laute

Didaktisch-methodischer Kommentar:

In Diktat 11 werden einige Rechtschreibschwierigkeiten noch einmal aufgegriffen (u.a. die s-Laute bei der Konjugation und die Konjunktion „dass"); zusätzlich soll anhand dieses Textes auf die Regel verwiesen werden, dass die Anrede „du" (dein, dir, euer) nicht großgeschrieben wird. Es bleibt dem Unterrichtenden überlassen, ob die Höflichkeitsanrede „Sie" an dieser Stelle als Ergänzung vorgestellt wird.

12 Eine unruhige Nacht

Peter war nicht gerade der Beste in seiner Klasse. Im Rechnen und auch beim Rechtschreiben hatte er bisher große Schwierigkeiten, so dass die Gefahr bestand, dass er sitzen bleiben müsste. Etwas Schlimmeres und Demütigenderes konnte er sich gar nicht vorstellen.

Morgen Vormittag sollte nun die entscheidende Mathematikarbeit geschrieben werden, von der alles andere abhing. Unruhig wälzte Peter sich im Bett. Jedes kleinste Geräusch weckte ihn sofort wieder auf, und seine Gedanken kreisten im Nu um die drohende Arbeit. Erkannte der Bedauernswerte dann neue Probleme, die er beim Üben noch nicht bedacht hatte, trat ihm urplötzlich der Schweiß aus allen Poren. Er hatte Angst zu versagen.

Endlich, nach stundenlangem Wachliegen, schlief Peter zwar doch ein, aber es wurde kein sehr erholsamer Schlaf, sondern eher ein erschöpftes Dämmern bis zum alarmierenden Schellen des Weckers.

Am Morgen stolperte er unter Gähnen und Stöhnen zum Frühstückstisch. „Mutti", sagte er, „am liebsten würde ich ja zu Hause bleiben. Ich fühle mich heute Morgen so elend und kaputt. Die ganze Nacht habe ich kein Auge zugetan. Bei der Klassenarbeit nachher wird nichts Gutes herauskommen." Aber seine Mutter blieb hart: „Du bist selbst schuld, du hättest früher besser lernen sollen; jetzt musst du die Quittung dafür bekommen."

Wer von beiden hat nun Recht? (210 Wörter)

Anregung für die Textarbeit:

1. Diskutiert die letzte Frage.
2. a) Schreibt einen überzeugenden Redebeitrag für die nächste Elternversammlung „für / gegen Zensuren".
   b) Schreibt einen Leserbrief an die Schülerzeitung, in dem ihr eure Meinung zum Thema „Pro und kontra Zensuren" äußert.
   c) Systematische Erarbeitung einer schriftlichen Argumentation zum Thema „Pro und kontra Zensuren" (rhetorischer Fünfsatz, Erörterung)
3. Rechtschreibung:
   a) Vergleicht die Schreibung von „er hatte Angst" – er hatte Recht – „du bist schuld" – es war seine Schuld.
   b) Vergleicht: „der Bedauernswerte erkannte neue Probleme" – der bedauernswerte Peter erkannte neue Probleme – er war bedauernswert.
   c) Vergleicht: „sitzen bleiben" – das Sitzenbleiben.

13 **Hausaufgaben sollten abgeschafft werden!** Schüleraufsatz

Schüler mögen keine Hausaufgaben. Ist das nicht Grund genug, ständig die Forderungen zu wiederholen, dass Hausaufgaben abgeschafft werden sollen?
Hausaufgaben sind eine entsetzliche Strafe. Da müssen Jugendliche den ganzen Nachmittag und oft sogar abends noch vor Aufgaben sitzen und Stoff bearbeiten, mit dem der Lehrer im Unterricht nicht fertig geworden ist. Gibt es aber etwas Wichtigeres als die Freude und die Begeisterung junger Menschen?
Gerade für Schüler wäre es doch viel wichtiger, nach einem langen Schultag, wenn sie müde und abgespannt nach Hause kommen, so lange wie möglich an der frischen Luft herumzutoben, Neues zu erkunden und mit Freunden zusammen zu spielen. Stattdessen müssen sie Tag für Tag zusehen, inwieweit zum Beispiel diese oder jene Gleichung aufgeht. Manchmal wird die Familie mit eingespannt. Zumindest Vater oder Mutter kommen nachmittags kaum zu etwas anderem, als Geometrie oder englische Vokabeln mit ihren Kindern einzuüben. Führt dies zu selbstständigem Arbeiten? Außerdem: Viele Schüler können ihre Eltern um Rat fragen, aber etliche müssen mit ihren Aufgaben auch allein zurechtkommen. Das widerspricht doch dem Prinzip der Chancengleichheit!
Im Übrigen – sind Hausaufgaben nicht eigentlich Schulaufgaben? (185 Wörter)

Anregungen für die Textarbeit:

1. Überprüft und diskutiert die Argumentation. Findet ihr argumentative Schwachstellen?
2. Verfasst eine Gegenargumentation. Ordnet die Argumente nach ihrer Wichtigkeit und stützt sie durch Beispiele.
3. Analysiert ein ausgewähltes Argument des Aufsatzes nach logischen Gesichtspunkten. (Erarbeitung des Unterschiedes zwischen Argument und Behauptung)
4. Gliederungsübung für eine Erörterung: Erörtert die Frage, ob Hausaufgaben notwendig und sinnvoll sind.
5. Rechtschreibung:
   a) „wiederholen" – den Ball wieder holen, „zusehen" – um zu sehen, „zurechtkommen" – zu seinem Recht kommen: Begründet die unterschiedliche Schreibweise. Fragt nach der Bedeutung der Ausdrücke.
   b) Vergleicht: „die Forderungen wiederholen" – „das widerspricht dem Prinzip". Begründet die unterschiedliche Schreibung der Dehnung.
6. Interpunktion: Komma beim erweiterten Infinitiv mit „zu".

V. Zusammen- und Getrenntschreibung

1. Erarbeitung einer Grundregel

Aufgabe:

Achtet bei den folgenden Sätzen auf Zusammen- und Getrenntschreibung.

(Diktat) „Jochen und Dirk wollen Rad fahren. Dirk hat zugesagt, Jochen abzuholen. Heute haben sie genügend Zeit, um gemeinsam etwas zu unternehmen und zusammen zu spielen. Gleich nach dem Mittagessen soll es losgehen. Jochens kleiner Bruder möchte unbedingt mitkommen, aber er muss zu Hause bleiben und zusehen, wie die beiden Großen ohne ihn davonfahren. Sie wollen lieber unter sich bleiben."

Vergleicht: „Du kannst aber gut schreiben." – „Wenn ich will, kann ich noch besser schreiben." – Der Betrag wird seinem Konto gutgeschrieben.
Ich gehe zur Post, um dir ein Paket zu schicken. – Ich werde dir ein Paket zuschicken.
Ich gehe zur Post, um dir ein Paket zuzuschicken.

Lest alle Texte laut vor. Ist euch beim Lesen etwas aufgefallen? Wodurch unterscheiden sich die getrennt und zusammengeschriebenen Wörter gleichen Wortlauts?

Didaktisch-methodischer Kommentar:

Die richtige Betonung kann als *erste* Merkhilfe gelten. Es lässt sich folgende „Grundregel" formulieren: „Wenn man bei Wortkombinationen das erste Wort betont, schreibt man zusammen; betont man hingegen beide Wörter oder das Stammwort, schreibt man getrennt."

So können Bedeutungsunterschiede durch eine andere Betonung aufgezeigt werden.

Aber: „Wer in der Schule faul ist, der kann sitzen bleiben."

Eine eindeutigere Begründung der Zusammen- bzw. der Getrenntschreibung ist nur durch eine Erweiterung dieser Merkhilfe, d.h. durch eine formal-grammatikalische Probe, zu finden. Hier hilft eine zweite Grundregel.

2. Einführung einer zweiten Grundregel

Aufgabe:

Bildet aus den folgenden Wortgruppen Begriffe und bildet Sätze mit diesen Begriffen. Achtet dabei auf die Schreibung und die Bedeutung.

zu, nach, zusammen, frei, gut – arbeiten, schreiben, reden, sehen, kommen,
schicken, heißen, machen

Könnt ihr andere ähnliche Beispiele finden?

Didaktisch-methodischer Kommentar:

Die Betonungsregel bedarf oft einer Erweiterung durch eine umfassende zweite Grundregel: „Man schreibt getrennt, wenn die beiden Wörter ihre ursprüngliche Bedeutung als Einzelwort behalten oder deutlich als Einzelwörter erkennbar bleiben. Man schreibt getrennt, wenn der erste Bestandteil gesteigert oder erweitert werden kann (‚Ich kann aber besser schreiben.'). Entsteht ein neuer Begriff, schreibt man zusammen." (vgl. „Er begann zu arbeiten." – „Er wollte ihm zuarbeiten." – „einen Betrag gutschreiben" – „einen Satz gut schreiben können".
vgl. „Sie können nicht zusammen arbeiten." – „etwas zusammenbinden" – „sich zusammennehmen".)

Letztlich muss hier doch genau nach der Bedeutung unterschieden werden. (vgl. z.B. „zusammen" in der Bedeutung „gemeinsam, miteinander" <zusammen spielen> und „in eins tragen" <Ideen zusammentragen>.)

Der folgende Text stellt einige weitere Beispiele vor.

14 **Freispruch**

Der Angeklagte hatte einen guten Eindruck vor Gericht gemacht. Er konnte frei sprechen und seine Gedanken klar formulieren. Auf alle Fragen gab er eine überzeugende Antwort, so dass seine Unschuld als erwiesen galt. Als dann noch sein Verteidiger die einzelnen Anklagepunkte genau nachprüfbar widerlegte, stand das Urteil für alle übereinstimmend fest: Der Angeklagte musste freigesprochen werden, die Klage wurde nicht aufrechterhalten, und er wurde sofort wieder auf freien Fuß gesetzt. (74 Wörter)

Aufgabe:

Bildet Sätze mit den folgenden Wörtern. Wann wird zusammengeschrieben? Kann man hier auch mit der Grundregel „Zusammengeschrieben wird, wenn ein neuer Begriff entsteht." arbeiten?

so/viel, so/lange, so/bald, so/oft, so/wenig, wie/weit, wie/viel(e)

Könnt ihr weitere Beispiele dieser Art nennen?

Didaktisch-methodischer Kommentar:

Ergänzend zu der Grundregel, dass zusammengeschrieben wird, wenn ein neuer Begriff entsteht und wenn das erste Wort der Wortkombination betont wird (diese Merkhilfe ist vor allem dann sinnvoll, wenn Schüler die neue Bedeutung noch nicht klar differenzieren können), kann die Analyse der Wortart als zusätzliche Möglichkeit eingeführt werden, die korrekte Schreibweise zu ermitteln: Aus dem Adverb ist als neuer Begriff die Konjunktion entstanden, die folglich zusammengeschrieben wird (z.B. „Ich konnte nicht verreisen, ich war so lange krank." – „Solange ich krank war, konnte ich nicht verreisen.")

15 Jeder soll mithelfen!

„Hallo Peter! Schön, dass ich dich endlich einmal treffe! Was hast du bloß so lange gemacht? – „Sooft ich konnte, war ich hier auf unserem Abenteuerspielplatz und habe mitgeholfen, unsere Hütte auszubauen. Aber so viel Zeit habe ich natürlich auch nicht, ich muss mich ja noch um so viel anderes kümmern." – „Du hast völlig Recht! So weit kommt es noch, dass wir unsere gesamte Freizeit auf dem Spielplatz zubringen. So wie ich das sehe, müssen wir das Ganze anders angehen. Am besten verabreden wir uns alle, um abzusprechen, wer, wann und wie oft mitarbeitet. Mindestens einmal pro Woche sollte jeder Freiwillige seinen Teil dazu beitragen, dass die Hütte fertig wird. Daran sollten wir festhalten. Sonst werden wir nie zurechtkommen."   (121 Wörter)

Anregungen für die Textarbeit:

1. Rechtschreibung: Überprüft die Grundregeln zur Zusammen- und Getrenntschreibung an diesem Text. Achtet dabei auf die Wortarten.
2. Interpunktion: Komma beim erweiterten Infinitiv mit „zu", Komma beim Konjunktionalsatz.

Didaktisch-methodischer Kommentar:

Hinzuweisen ist hier auf die so genannten „unfesten Zusammensetzungen", die im Infinitiv und in Partizip-Bildungen zusammengeschrieben werden, in den finiten Verbformen (Präsens, Präteritum) aber stets getrennt stehen (z.B. mithelfen – mitzuhelfen – „mitgeholfen" – er hilft/half mit; ausbauen – „auszubauen" – ausgebaut – er baut/baute aus).

VI. Anhang

1. Testet eure Kenntnisse!

Aufgabe:

Vor kurzem wurde eine Mitteilung veröffentlicht, dass nur ein geringer Teil der deutschen Bevölkerung in der Lage sei, das Wort „Rhythmus" richtig zu schreiben. Testet eure Kenntnisse: „Der Rhythmus des Schlagzeugers riss alle Zuschauer so mit, dass sie begeistert applaudierten."

Wortlistendiktate

Schlagt im Zweifelsfall die folgenden Wörter und Ausdrücke im Duden nach und wiederholt die jeweilige Rechtschreibregel.

– das Bad, der Bart, der alte Vater, die Fahne, den Inhalt wiedergeben, die Hand, das Hemd, er hemmt seinen Lauf, sie kannte den Lehrer, irrtümlich, im Wasser widerspiegeln, eine Frage wiederholen.
– er beklagt sich, du trinkst, sie singt die zweite Strophe, wir verfolgen den Dieb, er hupt ungeduldig, endlich, entsetzlich, hoffentlich, jugendlich, die Hauptstadt, meine Verwandtschaft, er lädt zu seiner Geburtstagsfeier ein, die Eltern, älter werden, viele Leute trafen sich in dem neuen Gebäude, die Glocken läuten den Sonntag ein, säuerlich, neulich, im Herbst ist es morgens oft neblig.
– er rast, das Gras, der Rasen, listig wie ein Fuchs, schließen, geschlossen, er weist ihm den Weg, er weiß stets eine passende Antwort, er streicht die Wand weiß an, das

hätte ich nicht gewusst, der Misthaufen, er misst die Strecke, der Hass machte uns blind, da hast du aber großes Glück gehabt, er hasst ihn so, dass er ihn nie wieder sehen möchte.

- es tut mir Leid, ich bin es leid, ich habe Recht, nimm dich in Acht, Acht geben, er lässt alles Unwesentliche außer Acht, es ist das Beste für dich, er will dich zum Besten halten, am besten bitte einzeln eintreten, ich als Einzelner mache dies so, wir planen alles bis ins Einzelne, im Wesentlichen hast du Recht, aber etwas anderes ist es damit, dies müssen wir noch im Einzelnen klären.
- die Lektion wiederholen, den Bleistift wieder holen, sitzen bleiben, Rad fahren, kennen lernen, eine hell leuchtende Lampe, sie kann hellsehen, ein viel gelesener Autor, er ist sehr vielseitig, aufrechterhalten, sich aufrecht halten, können Sie mir die Summe gutschreiben?, der Linksaußen konnte sich geschickt freispielen, obwohl er schwer behindert wurde.
- Appell, Apparat, Appetit, Satellit, aggressiv, Republik, nummerieren, das Adressbuch, Bibliothek, Atmosphäre, Delfin, Panter, Balletttänzer, Kaffeeersatz, aber: dennoch, ein Drittel, Mittag.

Didaktisch-methodischer Kommentar:

Diese Wiederholung, die recht schnell selbst spielerisch weitergeführt werden kann, soll noch einmal das Prinzip der aufgeführten Rechtschreibhilfen verdeutlichen. Auch hier gilt, dass es nicht um die „geballte" Schwierigkeit für sich geht, sondern um die Erarbeitung einer helfenden Regelhaftigkeit.

2. Silbentrennung

Wortlistendiktat

Trennt die folgenden Wörter so oft wie möglich. Welche Trennungsregel stellt ihr fest? Achtet auf eure Aussprache.

verwunderlich, Boxer, Honigbrot, Farbband, Trennungsmöglichkeit, Weihnachtsabend, Schulfüller, Eltern, Wüstentaxi, Bahnhofsvorstand, Basteln, Hitze, beißen, diskutieren, täglich, Packung, Paket, ein Boden aus Kleie

Didaktisch-methodischer Kommentar:

Wichtig ist, dass folgende Trennungsregeln erarbeitet werden:
- Trennung nach Sprechsilben („ver-wun-der-lich")
- einzelne Konsonanten kommen in die nächste Zeile („Bo-xer")
- „st" wird getrennt („bas-teln")
- Buchstabenverbindungen, die für einen Konsonanten stehen, werden nicht getrennt („Pa-ckung")
- Silben, die nur aus einem Vokal bestehen, werden am Anfang getrennt („A-ben-teu-er"), nicht jedoch am Ende („Kleie")

3. Zeichensetzung

Aufgabe:

Sind Kommas überhaupt notwendig? Überprüft, inwiefern sich durch eine geänderte Kommasetzung der Sinn ändert.

Peter, sagte Dirk, ist ein Dummkopf.
Peter sagte, Dirk ist ein Dummkopf.
Sie, er und seine Frau warteten auf Monika.
Sie, er und seine Frau, warteten auf Monika.
Ich rate, ihm zu helfen. – Ich rate ihm zu helfen.
Sie versprach(,) ihrem Vater(,) einen Brief zu schreiben.
Ich fotografierte die Berge(,) und meine Frau lag in der Sonne.

Didaktischer Hinweis:

Obwohl in bestimmten Fällen je nach Bedeutung kein Komma gesetzt werden muss, sollten aus methodischen Gründen die Regeln vom Grundsatz her eingeführt und erarbeitet werden, da nur so die Gliederung des Satzes bewusst gemacht werden kann. Wichtig für eine didaktisch-methodische Erarbeitung der Zeichensetzungsregeln ist somit die Integration in den Grammatikunterricht und – daraus folgend – die curriculare Anordnung der Erkenntnisschritte. Denkbar wäre etwa die folgende Anlage:

1. Aufzählung (Wörter gleicher Wortart, Satzteile; Satzreihe: Aufzählung von Hauptsätzen und von Nebensätzen)
2. Satzgefüge (Relativsatz, Konjunktionalsatz, indirekter Fragesatz, uneingeleiteter Nebensatz)
3. erweiterter Infinitiv mit „zu", Partizipialsatz

In der Textsammlung dieses Bandes (Teil B) wird jeweils dort auf Interpunktionsfragen hingewiesen, wo eine Arbeit mit den betreffenden Zeichensetzungsregeln sinnvoll erscheint. Die Rubrik „Interpunktion" des Registers (1., vgl. auch 2a) erschließt jene Texte, die für eine Einführung bzw. Anwendung der einzelnen Zeichensetzungsregeln geeignet sind.

4. Beispiel für ein Diktat als Klassenarbeit

Mit dem folgenden Beispiel wird eine Möglichkeit der Integration einer Klassenarbeit „Diktat" und der Rechtschreibübungen in den Deutschunterricht skizziert. Zielsetzung ist, die unterschiedlichen Lernbereiche (hier: Textanalyse, -produktion, Reflexion über Sprache, Rechtschreibung) nicht isoliert zu behandeln, sondern sie funktional aufeinander zu beziehen. Eine solche Integration der Rechtschreibübung Diktat könnte wie folgt verlaufen:
Erarbeitung von Diktat 16: Diktieren und Besprechen der sprachlichen Schwierigkeiten, Textanalyse (sprachliche Ausgestaltung eines Ereignisses in Form einer Nachricht), Textproduktion (Umgestaltung zu einer Erzählung), Textvergleich (Gegenüberstellen der unterschiedlichen Textsorten).
Diktat 17 als Klassenarbeit.

16 **Rettung aus höchster Not – Ausreißer mussten 17 Stunden auf einer Eisscholle ausharren**

Polare Kaltluft, die vom Osten in die Bundesrepublik eingedrungen war, führte bereits in der Nacht zum Dienstag zu sehr tiefen Temperaturen. In Stettin wurden minus 23, in Frankfurt an der Oder sogar minus 28 Grad gemessen, an der Nordseeküste sank die Temperatur auf 10 Grad unter Null.
Ein gefährliches Abenteuer ging am Mittwochmorgen für zwei dreizehnjährige Jungen aus der Gegend von Wilhelmshaven zu Ende. Vom Dienstagnachmittag bis zum Mittwochmorgen trieben sie 17 Stunden lang auf einer Eisscholle im Jadebusen. Sie waren beim Spielen auf eine Eisscholle gesprungen und ins offene Wasser abgetrieben. Obwohl ihr Verschwinden bald bemerkt wurde, konnten sie nicht sofort geborgen werden, da man sie in der Dunkelheit aus den Augen verlor. Erst am nächsten Morgen holte ein Rettungsboot die beiden an Bord.

Wortzahl: 137
Rechtsschreibschwerpunkte: Groß- und Kleinschreibung, Dehnung/Schärfung

Anregungen für die Textarbeit:

1. Welche Merkmale zeichnen eine Nachricht aus? Überprüft daraufhin den Text.
2. Gestaltet den Nachrichtenstoff zu einer Erzählung um. Stellt das Erlebnis der beiden Jungen anschaulich und spannend dar.
3. Vergleicht die Nachricht mit eurer Umgestaltung (Erzählabsicht, sprachliche Mittel, das Verhältnis zum Geschehen, Gegenstand der Darstellung, beabsichtigte Wirkung auf den Leser)

Zum Diktat

Das als Klassenarbeit ausgewählte Diktat 17 kann am Ende einer kurzen Einheit über Groß- und Kleinschreibung in Klasse 7 eingesetzt werden, vorbereitet etwa wie ausgeführt durch Diktat 16. Falls die Zeichensetzung bisher noch nicht systematisch geübt wurde, werden bei diesem Text alle Satzzeichen vom Lehrer mitdiktiert.

Der Text wird zunächst ganz vorgelesen, um den Schülern die Möglichkeit zu geben, den Text in seiner Ganzheit zu erfassen. Erst aus diesem Verständnis heraus sind viele Teilaspekte (und hierzu gehören auch Rechtschreibphänomene) für den Schüler hinreichend einsichtig, so dass er sie bestimmten Kategorien und Regeln zuordnen kann. Beim Vorlesen sollte der Lehrer darauf achten, dass zugehört wird; denn erst beim Diktieren sollten die Schüler schreiben.

In einem zweiten Schritt wird der Text Satz für Satz, abschnittsweise oder sogar Wort für Wort – je nach Schreibfähigkeit der Schüler – diktiert. Jeder Satz wird anschließend erneut vorgelesen. Das gesamte Diktat wird zum Abschluss noch einmal vorgetragen, so dass die Schüler Gelegenheit haben, ihre Niederschrift mit dem Diktattext zu vergleichen.

17   Das war leichtsinnig!

In der vierten Januarwoche war es so kalt geworden, dass der nahe Fluss das erste Eis führte. Es bildeten sich viele Eisschollen und trieben in Richtung Meer. Jetzt gab es für uns nichts Schöneres, als nachmittags, wenn es noch hell war, am Ufer die treibenden Schollen zu beobachten. Viele kleine, aber auch recht große waren darunter. Eine ganz große trieb plötzlich so dicht an uns vorbei, dass wir einfach hinüberspringen mussten. Da gab es kein Halten mehr. Schnell entfernten wir uns vom Ufer. Im ersten Moment freuten wir uns riesig auf das Abenteuer. Als wir aber weiter und weiter zur Mündung des Flusses trieben, begannen wir unseren Leichtsinn bitter zu bereuen; doch das geschah zu spät. Vergeblich hielten wir Ausschau nach Hilfe, unser Rufen verhallte ungehört. Das Ufer war kaum noch zu erkennen. Es wurde Abend. Wir froren jetzt erbärmlich. Unsere Angst stieg. Irgendwann könnte die Scholle brechen. Würden wir überhaupt jemals wieder dem Land zutreiben? Stunde um Stunde verrann.

Auf einmal sahen wir etwas Dunkles auf uns zukommen: ein Boot. Als der Schiffer uns endlich entdeckt hatte, versuchte er mühsam, sich an unsere Scholle heranzuarbeiten. Schließlich warf er uns zum Festhalten ein Seil zu, das wir erschöpft auffingen. Er zog uns an Bord und wickelte uns in eine wärmende Decke. Wir waren noch einmal davongekommen!

Wortzahl: 219
Diktierzeit: ca. 40 Minuten
Rechtschreibschwerpunkte: Groß- und Kleinschreibung, Zusammen- und Getrenntschreibung, s-Laute
Interpunktion: Komma beim erweiterten Infinitiv mit „zu" und beim Konjunktionalsatz

Auswertung des Diktats:

1. Schwierigkeiten: Groß- und Kleinschreibung (nichts Schöneres, nachmittags, viele kleine, recht große, eine ganz große, kein Halten, unser Rufen, Abend, auf einmal, etwas Dunkles, zum Festhalten)
   Zusammen- und Getrenntschreibung (hinüberspringen, weiter trieben, zu spät, irgendwann, zutreiben, zukommen, heranzuarbeiten, auffingen, davongekommen)
   Sonstiges: das/dass, entfernten, endlich, entdeckt
2. Vorschlag eines Bewertungsschlüssels:
Fehler	0 – 1	2 – 4	5 – 7	8 – 11	12 – 15	ab 16
Note	1	2	3	4	5	6

   (ausgehend von durchschnittlich 6 – 8 Fehlern)

Rechtschreibfehler sollten als ein Fehler bewertet werden; Zeichensetzungsfehler – falls sie überhaupt zu einer Bewertung herangezogen werden können oder sollen – sollten als halbe Fehler gezählt werden.

Textsammlung

Vorbemerkung

Die Reihenfolge der Diktattexte richtet sich nach deren Schwierigkeitsgrad, zum einen hinsichtlich der Rechtschreibung, zum anderen im Blick auf die inhaltlichen Anforderungen der Texte. Diese Staffelung nach den Klassenstufen 5/6 (Text 1–43), 7/8 (Text 44–92) und 9/10 (Text 93-133) kann selbstverständlich nur ein Anhaltspunkt sein; die Auswahl eines geeigneten Diktates hängt letztlich vom Leistungsstand der jeweiligen Klasse ab und von der konkreten Unterrichtsplanung des Lehrers. Wo möglich, wurden die Texte deshalb im Rahmen der Staffelung so gruppiert, dass Themenkreise im weitesten Sinne (z.B. eine bestimmte inhaltliche Problematik, eine bestimmte Textsorte) hervortreten und so die Textauswahl erleichtern, die ja dem integrativen Ansatz entsprechend nicht einseitig nach Rechtschreibaspekten erfolgt, sondern auch die anderen Lernbereiche des Deutschunterrichts einbeziehen will.

Jedem Text ist ein *Apparat* nachgestellt, der die Wortzahl und die Rechtschreibschwerpunkte des Diktates nennt, auf Fragen der Interpunktion eingeht, Vorgaben empfiehlt und didaktisch-methodische Hinweise gibt, wie mit dem Text – abgesehen von einer Besprechung der Rechtschreibschwerpunkte – im Unterricht weitergearbeitet werden könnte. Die jeweiligen Rechtschreibschwerpunkte werden in den Hinweisen nicht näher berücksichtigt, da hierzu die entsprechenden Kapitel im Teil A bereits viele Anregungen bieten; darauf sei an dieser Stelle verwiesen.

Sofern in den didaktisch-methodischen Hinweisen Textstellen oder Einzelwörter aus dem Diktat angesprochen werden, stehen diese als Zitat in doppelten Anführungszeichen: alle übrigen Beipielsätze und -wörter sind dort lediglich durch Kursivdruck gekennzeichnet.

1 Die durstige Krähe

Eine durstige Krähe fand einen Wasserkrug; doch leider war nur so wenig Wasser darin, dass sie das kostbare Nass mit ihrem Schnabel nicht zu erreichen vermochte. Sie versuchte vergeblich, den Krug umzuwerfen; denn dazu war sie zu schwach. Da griff sie zu einer List, wie sie es dahin brächte, dennoch aus dem Gefäß zu trinken.

Wie hat sie wohl das Hindernis überwunden? Wisst ihr es?

Wortzahl:	68
Rechtschreibschwerpunkt:	s-Laute
Interpunktion:	Semikolon; Fragezeichen; Komma: erweiterter Infinitiv mit „zu".
Didaktisch-methodische Hinweise:	1. Wie hat die Krähe ihr Ziel wohl erreicht? (Die Krähe wirft kleine Steine in den Krug, so dass der Wasserstand steigt und sie das Wasser erreichen kann.)
	2. Was kann man aus dem Beispiel der Krähe folgern?
	3. Rechtschreibung: Untersucht die beiden folgenden Sätze: „*Die Krähe versuchte vergeblich, den Krug umzuwerfen*:" – *Er nahm den Ball, um zu werfen.*
	4. Grammatik:
	a) Wie würdet ihr den Satz „ ..., *wie sie es dahin brächte*, ..." formulieren? Wie unterscheidet sich eure Formulierung von der des Textes?
	b) Zur Bildung des Konjunktivs II (Erzählt „Wenn ich wäre" - Geschichten. Wie wird hier die Verbform im Hauptsatz – der Konjunktiv II – gebildet? Von welcher Form wird der Konjunktiv II abgeleitet?)

2 **Die Lüge**

Es lebte einmal eine einfache Frau allein mit ihrem Sohn recht glücklich und zufrieden in den Tag hinein. Nichts schien ihre Ruhe zu stören.

Doch eines Tages sah der junge Mann die schöne Königstochter des Landes im Park, und er schwor, dass er ewig unglücklich sein wolle, wenn er sie nicht heiraten dürfe. Voller Sorge versuchte die Mutter, ihn von diesem Vorhaben abzubringen; denn sie wusste, dass nur jemand die Königstochter zur Frau nehmen durfte, der den König dazu veranlassen konnte, dreimal „Du lügst!" zu sagen. Und sie wusste, dass ein verderbliches Los auf jene wartete, die scheiterten.

Auch der Sohn kannte diese Bedingungen; dennoch ließ er nicht von seinem Vorhaben ab. Er machte sich zum Hofe auf, erklärte dem Wächter, was er wollte, und der König hieß ihn eintreten. [...]

Wortzahl:	132
Rechtschreibschwerpunkte:	Dehnung/Schärfung, s-Laute
Interpunktion:	Semikolon; Komma; Konjunktionalsatz, vor „und", Relativsatz
Didaktisch-methodische Hinweise:	1. Wie könnte der junge Mann sein Ziel erreichen? Verfasst eine Fortsetzung der Geschichte, in der der junge Mann die Königstochter heiratet.
	2. Erfindet eine ähnliche Geschichte.
	3. Spiel: Ein Gesprächspartner soll den anderen Gesprächsteilnehmer in einer bestimmten Zeit (z.B. in einer Minute) durch geschickte Fragen zu einem „Ja!" oder einem „Nein!" bewegen. (Übung einer kontrollierten Sprachverwendung)
	4. Rechtschreibung: Vergleicht die Schreibweise von *das erste Mal*, *zum zweiten Mal*, „einmal", *diesmal*, *manchmal*, „dreimal".

Die andern haben's besser Rudolf Kirsten

„Wenn ich solch ein schönes Häuschen hätte wie die Schnecke, brauchte ich mich nicht in der Erde zu verkriechen", klagte ein Regenwurm. „Und wie bequem wollte ich mir's darin machen!", sagte eine Grille. „Ich habe eins", stöhnte die Schnecke, „und muss die Last Tag und Nacht mit mir herumschleppen. Was gäbe ich drum, wenn ich's los wäre!"

(aus: R. Kirsten: Hundertfünf Fabeln, Logos Verlag, Zürich 1960)

Wortzahl:	61
Vorgabe:	Apostroph (haben's, mir's, ich's)
Rechtschreibschwerpunkte:	Dehnung/Schärfung, gleich und ähnlich klingende Konsonanten und Vokale (g-k-ch, sch-st; ä-e)
Interpunktion:	wörtliche Rede; Ausrufezeichen; Komma: Konjunktionalsatz
Didaktisch-methodische Hinweise:	1. Wie könnten Grille und Regenwurm auf diese Klage antworten?
	2. Erarbeitung der Lehre der Fabel.
	3. Grammatik: Analyse der Konjunktivformen (1. Schritt: Unterstreichen der Verbformen – 2. Schritt: Leistung des Konjunktivs II untersuchen / Ausgangspunkt ist eine irreale Bedingung; spielerische Übertragung auf andere Situationen, z.B. „Was wäre, wenn wir alle hellsehen könnten?", so dass die Schüler induktiv viele unterschiedliche Verben und deren Konjunktivformen in ihren Antworten benutzen – 3. Schritt: Wie wird der Konjunktiv II gebildet?)
	4. Rechtschreibung: Vergleicht die Schreibweise von „hellsehen" und eine hell leuchtende Lampe. (Das Adjektiv ist erweiterbar oder steigerbar)

4 Der Löwenanteil

nach Aesop

Der Löwe und der Waldesel gingen auf die Jagd, und der Löwe setzte seine Stärke, der wilde Esel seine Schnelligkeit ein. Als sie einige Tiere erlegt hatten, teilte der Löwe die Beute in drei Haufen. „Den", sprach er, „werde ich mir nehmen als Erstes unter den Tieren, denn ich bin ihr König, den zweiten als gleichberechtigten Jagdkumpan, und was den dritten betrifft, so wird er dir großes Leid bringen, wenn du dich nicht augenblicklich davonmachst."

Wortzahl:	77
Rechtschreibschwerpunkte:	Dehnung/Schärfung, gleich und ähnlich klingende Konsonanten (d-t, g-k-ch)
Interpunktion:	Komma: vor „und", Konjunktionalsatz
Didaktisch-methodische Hinweise:	1. Erarbeitung der Lehre der Fabel
	2. Rechtschreibung:
	a) Ermittelt die korrekte Schreibweise der Wörter „Jagd" – er jagt – „erlegt" durch eine geeignete Wortveränderung.
	b) Vergleicht: „Du sollst dich davonmachen!" – Du sollst kein Aufheben davon machen!

5 So manche Kunst lebt nur von Dunst Gerhard Branstner

Der Maulwurf hatte sich als Schuster verdingt, bekam jedoch die von ihm verfertigten Schuhe, da er nichts von dem Handwerk verstand, regelmäßig an den Kopf geworfen. Also ging er in eine Gegend, wo keiner ihn kannte, und gab sich als Arzt aus. Davon verstand er zwar auch nichts; da er aber in die Fläschchen, die er als Wundermedizin verkaufte, nichts als klares Wasser füllte und also keinem damit schadete, bekam er sie auch nicht an den Kopf geworfen. So galt der Maulwurf, wenn er auch keine Berühmtheit wurde, als Arzt mehr denn als Schuster, obwohl er doch von beiden Berufen gleich wenig verstand.

(aus: G. Branstner: Der Esel als Amtmann oder Das Tier ist auch nur ein Mensch. Fabeln, Verlag Dietmar Klotz GmbH, Eschborn bei Frankfurt)

Wortzahl:	110
Rechtschreibschwerpunkte:	Dehnung/Schärfung, gleich und ähnlich klingende Konsonanten (f-v, g-k, d-t)
Interpunktion:	Komma, Konjunktionalsatz, Relativsatz
Didaktisch-methodische Hinweise:	1. Denkt über den letzten Satz dieser Fabel nach und berücksichtigt dabei auch die Überschrift.
	2. Was würde aus einer solchen Anschauung folgen? Diskutiert diese „Moral".
	3. Grammatik: Analyse der Konjunktionalsätze dieses Textes (Abgrenzung von Haupt- und Nebensätzen, Stellung des finiten Verbs, Konjunktion, Zeichensetzung)

6   Wolf und Lamm

nach Aesop

Ein Wolf kam an einen Bach. Da bemerkte er am Ufer ein Lamm, das ein Stück unterhalb von ihm seinen Durst löschte. „Du trübst mir das Wasser, das ich trinken will", behauptete er voller Empörung. Das Lamm hob verwundert den Kopf und fragte: „Wie kann ich das Wasser trüben, das von dir zu mir herabfließt?"

„Jedenfalls weiß ich", fuhr der Wolf fort, „dass du vor fünf Monden übel von mir geredet hast." „Wie sollte das möglich sein?", erwiderte das Lamm „Damals war ich noch gar nicht geboren."

„Dann ist es dein Vater gewesen", schrie der Wolf und zerriss das Lamm, bevor es an Flucht denken konnte.

Wortzahl:	109
Rechtschreibschwerpunkte:	Dehnung/Schärfung, gleich und ähnlich klingende Konsonanten (b-p, f-v), s-Laute
Interpunktion:	wörtliche Rede; Komma: Relativsatz
Didaktisch-methodische Hinweise:	1. Beschreibt das Verhalten von Wolf und Lamm. Welche Strategie wendet der Wolf an? Wie beurteilt ihr die Reaktion des Lamms?
	2. Vergleicht diese Fabel mit den entsprechenden Fassungen von Lessing und Luther (Text 7 und 8). (Vergleich der Lehre und der Aussage)
	3. Grammatik/Rechtschreibung: Untersuchung der syntaktischen Stellung von „das" und „dass" im Aesop-Text und Erarbeitung einer entsprechenden Regel („das" leitet den Relativsatz ein, der sich auf ein Nomen bezieht; „dass" leitet hier einen Objektsatz ein, der an Stelle eines direkten Objekts steht)

7 Der Wolf und das Schaf

Gotthold Ephraim Lessing

Der Durst trieb ein Schaf an den Fluss. Eine gleiche Ursache führte auf der anderen Seite einen Wolf hinzu. Durch die Trennung des Wassers gesichert und durch die Sicherheit höhnisch gemacht, rief das Schaf dem Räuber hinüber: „Ich mache dir doch das Wasser nicht trübe, Herr Wolf? Sieh mich recht an! Habe ich dir nicht etwa vor sechs Wochen nachgeschimpft? Wenigstens wird es mein Vater gewesen sein." Der Wolf verstand die Spöttelei. Er betrachtete die Breite des Flusses und knirschte mit den Zähnen.

„Es ist dein Glück", antwortete er, „dass wir Wölfe gewohnt sind, mit euch Schafen Geduld zu haben", und ging mit stolzen Schritten weiter.

Wortzahl:	111
Rechtschreibschwerpunkte:	Dehnung/Schärfung, gleich und ähnlich klingende Konsonanten (d-t)
Interpunktion:	wörtliche Rede
Didaktisch-methodische Hinweise:	1. Vergleicht die Fabel von Aesop und Luther (Text 6 und 8) mit dieser Lessing-Fabel. Was ist geändert worden? (Stil, Handlung) Was kann man aus diesen Änderungen folgern? (Ebene der Textdeutung)
	2. Grammatik: *„Wenigstens wird es mein Vater gewesen sein."* Was wird durch diese „werden"-Fügung ausgedrückt? Welche anderen Möglichkeiten haben wir, Zukünftiges oder Vermutungen auszudrücken? (modaler Charakter des Tempus „Futur")
	3. Rechtschreibung: Vergleich der Schreibweise *„Sieh mich recht an!"* Er hat Recht. (Vergleich der Wortart)

8 Vom Wolf und Lämmlein nach Martin Luther

Ein Wolf und ein Lämmlein trafen sich zufällig an einem Bach. Als der Wolf, der weiter oben am Wasserlauf trank, das Lämmlein entdeckt hatte, lief er zu ihm und erkundigte sich: „Warum trübst du mir das Wasser?"
Das Lämmlein antwortete: „Du trinkst doch oberhalb und könntest also eher mir den Bach trüben." Der Wolf wurde zornig: „Wie, du beleidigst mich auch noch?"
Das Lämmlein wies den Vorwurf höflich zurück. Da senkte der Wolf drohend seine Stimme: „Dein Vater hat mich vor sechs Monaten heftig beschimpft, und du bist mindestens so dreist und bösartig wie er. Das Lämmlein entgegnete unerschrocken: „Damals war ich noch nicht geboren. Warum soll ich für meinen Vater büßen?" Der Wolf klagte nun: „Du hast mir aber neulich meine Wiesen und Äcker angenagt und verdorben."
Geduldig sagte das Lämmlein: „Das ist nicht möglich, weil ich noch keine Zähne habe." „Du lügst", behauptete der Wolf ärgerlich, „und wenn du dir auch noch so freche Ausreden ausdenkst, gefressen wirst du heute doch!"
Im nächsten Augenblick packte er das unschuldige Lämmlein, würgte es und fraß es auf.

Wortzahl:	181
Rechtschreibschwerpunkte:	s-Laute, gleich und ähnlich klingende Konsonanten und Vokale (g-k, f-v, b-p, -ig/ -ich; ä-e)
Interpunktion:	wörtliche Rede; Komma: vor „und"
Didaktisch-methodische Hinweise:	1. Untersucht die Argumentation des Wolfes und die Verteidigung des Lämmleins. (Unterscheidung des Gesagten von der Absicht des Sprechakts, das Lamm durchschaut nicht die provokative Absicht)
	2. Welche Gegenstrategie hätte das Lämmlein anwenden können? (z.B. eine Hinhaltetaktik in der Hoffnung, dass Hilfe naht)
	3. Vergleich mit den entsprechenden Fabeln von Aesop und Lessing (Text 6 und 7)
	4. Rechtschreibung: Bildung der 2. Pers. Sing. (Anwendung der Grundregel: Rückführung auf den Infinitiv; z.B. „du trübst" – „trüben")

9 Der Fuchs

Der Fuchs lässt sich am Tage nur selten sehen. Die meiste Zeit schläft er in seinem Bau und geht erst in der Dämmerung und nachts auf Jagd. Seinen Erdbau hat er selbst gegraben oder ihn vom Dachs übernommen. Die Höhle besteht aus einem oder mehreren Kesseln, hat einen Haupteingang und mehrere Fluchtröhren. Seine Beute hetzt er nicht, sondern schleicht an sie heran und fasst sie nach einem sicheren Sprung. Der Fuchs ist ein vielseitiger Jäger. Vor allem fängt er Mäuse. Auf der Nahrungssuche wagt er sich sogar bis in die Randbezirke unserer Städte.

Wortzahl:	96
Rechtschreibschwerpunkte:	Dehnung/Schärfung, gleich und ähnlich klingende Konsonanten und Vokale (g-k-gs-chs, d-t-dt, f-v, ä-e)
Didaktisch-methodische Hinweise:	1. Wie wird das Tier in einer Fabel dargestellt? Vergleicht diese Darstellung mit dem vorliegenden Text. (Personifikation, Handlungsträger; Fuchs als Objekt einer Beschreibung)
	2. Interpunktion: Veränderung der Sätze aus dem Text mit „und", so dass ein Komma gesetzt werden kann (induktive Erarbeitung der Zeichensetzung vor „und")
	3. Wiederholung der Rechtschreibung der s-Laute; Wortlistendiktat („er lässt" – lassen, „er fasst" – fassen, er liest – lesen, er reist – reisen, er reißt – reißen – er riss); durch die Opposition von Infinitiv und flektierter Form sowie der Beachtung der Aussprache kann die Regel sehr einfach erarbeitet werden.

10 Rabe und Fuchs   nach Aesop

Ein Rabe hatte einen Käse gestohlen, flog damit auf einen Baum und wollte
dort seine Beute in Ruhe verspeisen. Da es aber der Raben Art ist, beim Essen
nicht schweigen zu können, hörte ein vorbeikommender Fuchs den Raben
über dem Käse zufrieden krächzen. Er lief eilig hinzu und begann den Räuber
zu preisen: „O Rabe, was bist du für ein wunderbarer Vogel! Wenn dein Gesang ebenso schön ist wie dein Gefieder, dann sollte man dich zum König aller Vögel krönen!"
Dem Raben taten diese Schmeicheleien so wohl, dass er seinen Schnabel weit auf-
sperrte, um dem Fuchs etwas vorzusingen. Dabei entfiel ihm aber der Käse, den
der listige Fuchs schleunigst nahm. Er fraß ihn genießerisch und lachte über den
arglosen Raben, der diese Täuschung nicht rechtzeitig bemerkt hatte.

Wortzahl:	130
Rechtschreibschwerpunkte:	s-Laute, gleich und ähnlich klingende Konsonanten und Vokale (f-v, g-k; ä-e), Dehnung/Schärfung
Interpunktion:	Komma: erweiterter Infinitiv mit „zu", Konjunktional-satz, Relativsatz
Didaktisch-methodische Hinweise:	1. Welches Sprichwort passt zu dieser Fabel?
	2. Schreibt eine „Gegengeschichte". Verändert die Fabel so, dass der Fuchs der Betrogene ist. (Die kreative Umformung führt zu einer genauen Auseinanderset-zung mit der Textvorlage und bereitet auf unter-schiedliche Rezeptionen vor, etwa durch La Fontaine oder Lessing.)

11 Der Fuchs

Der Löwe hatte einst viele Tiere zu sich in seine Höhle geladen, in der es aber gar übel roch. Als er nun den Wolf fragte, wie es ihm in seinem königlichen Hause gefalle, antwortete der Wolf sorglos: „Gut, doch es stinkt übel hier." Da brauste der Löwe auf und zerriss den Wolf.

Als er danach den Esel fragte, wie es ihm gefalle, und der arme Esel sehr erschrocken war über das Schicksal des Wolfs, wollte jener aus Furcht heucheln und sprach: „O mein König, es riecht gut hier." Aber auch der Esel musste seine Worte büßen, der Löwe fuhr über ihn her und tötete auch ihn.

Als er endlich den Fuchs fragte, wie es rieche in seiner Höhle, erwiderte dieser: „Es tut mir Leid, ich habe gerade einen Schnupfen und kann nichts riechen." Denn er wurde mit anderer Leute Schaden klug, so dass er sein Maul hielt.

Wortzahl:	149
Rechtschreibschwerpunkte:	s-Laute, Dehnung/Schärfung, gleich und ähnlich klingende Konsonanten (g-k)
Interpunktion:	Komma: Konjunktionalsatz, indirekter Fragesatz
Didaktisch-methodische Hinweise:	1. Deutung der Fabel (Erarbeitung der Struktur: „Handlung – Gegenhandlung – Lösung"; Übertragung auf vergleichbare Situationen)
	2. Diskussion der Moral (Konsequenzen und Folgerungen)
	3. Rechtschreibung: Vergleich der Schreibweise von *„Es tut mit Leid."* – *Das ist mir recht.*

12 **Die beiden Frösche** nach Aesop

Zwei Frösche auf Wanderschaft kamen gegen Abend in die Kammer eines Bauernhofs und fanden dort eine große Schüssel Milch, die zum Abrahmen aufgestellt worden war. Sie hüpften sogleich hinein und ließen es sich schmecken.

Als sie ihren Durst gestillt hatten und wieder ins Freie wollten, mussten sie jedoch feststellen, dass die glatte Wand der Schüssel nicht zu bezwingen war. Sie rutschten immer wieder in ihr flüssiges Gefängnis zurück. Viele Stunden mühten sie sich nun vergeblich ab, wieder hinauszukommen, und ihre Schenkel wurden allmählich matter. Da quakte der eine Frosch erschöpft: „Alles Strampeln ist umsonst, das Schicksal ist gegen uns, ich gebe auf." Er sank auf den Boden des Gefäßes und ertrank.

Der andere aber strampelte verzweifelt weiter. So blieb ihm das traurige Los seines Genossen erspart; denn plötzlich fühlte er den ersten festen Butterbrocken unter seinen Füßen. Mit letzter Kraft stieß er sich ab und war im Freien.

Wortzahl:	151
Rechtschreibschwerpunkte:	s-Laute, Groß- und Kleinschreibung, Dehnung/Schärfung
Interpunktion:	Komma: vor „und"
Didaktisch-methodische Hinweise:	1. Welche Moral hat diese Fabel?
	2. Versucht eine Illustration dieser Fabel zu erstellen. Dabei könnt ihr euch auf ein Bild beschränken oder eine Bilderfolge herstellen. (Mit solchen Illustrationen können unterschiedliche Deutungsvarianten konkretisiert werden.)

13 Die Gans

nach Gotthold Ephraim Lessing

Die Federn einer Gans beschämten den neugeborenen Schnee. Stolz auf dieses blendende Geschenk der Natur, glaubte sie, eher zu einem Schwan als zu dem, was sie war, geboren zu sein. Sie sonderte sich von ihresgleichen ab und schwamm einsam und majestätisch auf dem Teich herum. Bald dehnte sie ihren Hals, dessen verräterischer Kürze sie mit aller Macht abhelfen wollte. Bald suchte sie ihm die prächtige Biegung zu geben, in welcher der Schwan das würdige Aussehen erhält. Doch vergebens; er war zu steif, und mit aller Bemühung brachte sie es nicht weiter, als dass sie eine lächerliche Gans wurde, ohne ein Schwan zu werden.

Wortzahl:	105
Rechtschreibschwerpunkte:	gleich und ähnlich klingende Vokale (ä-e), Dehnung/Schärfung
Interpunktion:	Komma: Relativsatz, erweiterter Infinitiv mit „zu"
Didaktisch-methodische Hinweise:	1. Warum wirkt die Gans lächerlich? (Deutung und Erörterung der „Moral": Analyse der Bildebene – Übertragung)
	2. Grammatik: Erstellung eines Satzbaumusters von Satz 2 (*„Stolz auf ..."*)
	3. Rechtschreibung: Vergleich der Schreibweise *„den neugeborenen Schnee"* – *Das Geschäft wurde neu eröffnet.*

14 **Die kluge Maus** nach den Brüdern Grimm

Eine Maus, die sich für recht klug hielt, sah eines Abends neugierig aus ihrem Loch und bemerkte eine Falle. Ohne große Angst näherte sie sich dem gefährlichen Ort. „Für wie dumm müssen mich die Menschen halten!", sagte sie. „Da stellen sie mit drei Hölzchen einen schweren Ziegel aufrecht, und an eines der drei Hölzchen stecken sie ein Stück Speck. Eine solche Mausefalle ist doch nichts Neues! Nein, nein, wir kennen eure List! Wir wissen wohl, wenn man den Speck fressen will, fällt der Ziegel um und schlägt den Näscher tot. Es ist das Klügste, lieber etwas anderes zu essen."

„Aber", fuhr das Mäuschen fort, „riechen darf man schon daran. Vom bloßen Riechen kann die Falle nicht zuschlagen, und ich rieche den Speck doch für mein Leben gern."

Es lief unter die Falle und roch vorsichtig an dem Speck. Die Falle war aber ganz lose gestellt, und kaum berührte es mit dem Näschen den Speck, fiel sie zusammen, und das gierige Mäuschen war zerquetscht.

Wortzahl:	165
Rechtschreibschwerpunkte:	s-Laute, Groß- und Kleinschreibung, gleich und ähnlich klingende Vokale (ä-e, i-ü)
Interpunktion:	wörtliche Rede; Ausrufezeichen; Komma: vor „und"
Didaktisch-methodische Hinweise:	1. Deutet den Titel „Die kluge Maus". Ist die Maus wirklich klug?
	2. Welche Lehre müssen wir ziehen? (In diesem Zusammenhang würde sich der Vergleich mit dem völlig andersartigen Text „Kleine Fabel" von F. Kafka anbieten, vgl. Text 15.) Rechtschreibung:
	a) Erarbeitung/Wiederholung der Rechtschreibregeln zur Zusammenschreibung von Präposition und Verb (vgl. „umfallen", „zuschlagen", „zusammenfallen" – *Lasst uns zusammen spielen*)
	b) Vergleicht die Schreibweise von *etwas Neues, ich möchte etwas anderes, du sollst lieber etwas ganz Anderes essen.*
	3. Interpunktion: Erarbeitung/Wiederholung der Zeichensetzungsregeln zum Komma vor „und" über eine syntaktische Analyse (Obwohl in diesen Fällen kein Komma mehr gesetzt werden muss, wird so die Gliederung des Satzes deutlicher.)

Franz Kafka

Kleine Fabel

„Ach", sagte die Maus, „die Welt wird enger mit jedem Tag. Zuerst war sie so breit, dass ich Angst hatte, ich lief weiter und war glücklich, dass ich endlich rechts und links in der Ferne Mauern sah, aber diese langen Mauern eilen so schnell aufeinander zu, dass ich schon im letzten Zimmer bin, und dort im Winkel steht die Falle, in die ich laufe."

„Du musst nur die Laufrichtung ändern", sagte die Katze und fraß sie.

(aus: F. Kafka: Die Erzählungen, S. Fischer Verlag, Frankfurt/M. 1961)

Wortzahl:	78
Rechtschreibschwerpunkte:	s-Laute, gleich und ähnlich klingende Vokale (ä-e)
Interpunktion:	wörtliche Rede; Komma: Konjunktionalsatz, Satzreihe
Didaktisch-methodische Hinweise:	1. Eine genauere Analyse dieses Textes ist wohl erst ab Klasse 8 möglich. Im Vergleich mit Text 14 ist aber ein Gespräch über die Unterschiede der jeweils dargestellten Welt schon früher zu führen. Die folgenden Fragen können zu einer Textbetrachtung anleiten: Wie erscheint der Maus die Welt? Wie erklärt sie Welt? Wovor hat die Maus Angst? Hat die Maus eine Chance, ihrem „Schicksal" zu entkommen?
	2. Grammatik/Interpunktion: Erstellung eines Satzbaumusters von Satz 2 („*Zuerst war sie so breit, ...*")

16 **Der Löwe und die Maus** nach Aesop

Ein paar Mäuse sprangen mutwillig um einen schlafenden Löwen herum, und da er sich nicht rührte, begannen sie schließlich sogar, auf ihm herumzutanzen. Da wurde er wach und hatte gleich eine von ihnen gepackt.

„Ich bitte dich", flehte die Maus, „schone mein Leben. Was auch würde mein Tod dir nützen. Ich will es dir gerne später mit einem Gegendienst vergelten." Da musste der Löwe lachen und ließ sie los.

Nach einiger Zeit nun verfing er sich in den Netzen der Jäger, und er vermochte es auch mit aller Kraft nicht mehr, sich aus den Schlingen zu befreien. Hilflos saß er in der Falle. Da kam die Maus herbeigelaufen und nagte mit emsigen Zähnen einen von den Maschen entzwei, eine einzige nur, aber davon begannen auch die anderen aufzugehen, so dass der Löwe seine Fesseln endlich zerreißen konnte.

Wortzahl:	142
Rechtschreibschwerpunkte:	s-Laute, Zusammen- und Getrenntschreibung, gleich und ähnlich klingende Konsonanten (d-t, f-v-w)
Interpunktion:	Komma: Konjunktionalsatz, vor „und", erweiterter Infinitiv mit „zu"
Didaktisch-methodische Hinweise:	1. Was könnte die Maus dem Löwen nach der Befreiung gesagt haben?
	2. Formuliert ein Sprichwort oder einen allgemein gültigen Satz für diese Fabel. Kann man die „Moral" der Fabel auf menschliche Verhältnisse übertragen?
	3. Möglichkeiten der Fortsetzung: Ausgestaltung und Umgestaltung eines Sprichwortes in eine Fabel (Beispiel: „Dummheit und Stolz wachsen auf einem Holz."); Zusammenstellung eines Fabelbuches (Bedingung einer solchen Fortsetzung ist, dass die Strukturmerkmale der Fabel mit den Schülern erarbeitet worden sind. Eine bloße „Vermenschlichung" einzelner Tiere erscheint dem didaktischen Charakter der Fabel nicht angemessen.)

17 Der Wolf und die sieben jungen Geißlein nach den Brüdern Grimm

Es war einmal eine alte Geiß, die hatte sieben junge Geißlein. Eines Tages rief sie alle sieben zusammen und sprach: „Liebe Kinder, ich will zum Essenholen in den Wald hinaus, und ihr müsst zu Hause bleiben. Seid aber auf der Hut vor dem Wolf. Lasst niemand herein. Denn wenn der Wolf hereinkommt, müsst ihr es büßen: Er wird euch ohne Zögern mit Haut und Haaren fressen. Der Bösewicht verstellt sich oft, aber an seiner rauen Stimme und an seinen schwarzen Pfoten werdet ihr ihn gleich erkennen."

Die braven Geißlein versprachen alles, und so konnte die Mutter getrost fortgehen. Als es schließlich Abend wurde, klopfte jemand heftig an die Haustür und rief: „Macht auf, ihr lieben Kinder, eure Mutter ist wieder da. Sie hat jedem von euch etwas Feines mitgebracht." Aber die vorsichtigen Geißlein hörten an der rauen Stimme, dass es der Wolf war. [...]

Wortzahl:	150
Rechtschreibschwerpunkte:	s-Laute, gleich und ähnlich klingende Konsonanten (d-t, f-v-pf), Groß- und Kleinschreibung
Interpunktion:	Komma: Anrede, vor „und"
Didaktisch-methodische Hinweise:	1. Fortsetzung des Märchens (Da angenommen werden kann, dass den meisten Schülern diese Geschichte bekannt ist, soll durch das Diktat nur ein Erzählanreiz gegeben werden.)
	2. Veränderung der Geschichte (In einem zweiten Schritt könnten bewusst Veränderungen vorgekommen werden, um so mit Blick auf diese Veränderungen das Originalmärchen besprechen zu können. In diesem Zusammenhang könnten auch unterschiedliche literarische Verarbeitung – vgl. Text 18. – herangezogen werden.)

Das kleine Mädchen und der Wolf
James Thurber

Eines Nachmittags saß ein großer Wolf in einem finsteren Wald und wartete, dass ein kleines Mädchen mit einem Korb voller Lebensmittel für ihre Großmutter des Weges käme. Endlich kam auch ein kleines Mädchen und trug einen Korb voller Lebensmittel. „Bringst du den Korb zu deiner Großmutter?", fragte der Wolf. Das kleine Mädchen sagte ja, und nun erkundigte sich der Wolf, wo die Großmutter wohne. Das kleine Mädchen gab ihm Auskunft, und er verschwand in den Wald.

Als das kleine Mädchen das Haus ihrer Großmutter betrat, sah sie, dass jemand im Bett lag, der ein Nachthemd und eine Nachthaube trug. Sie war noch keine drei Schritte auf das Bett zugegangen, da merkte sie, dass es nicht ihre Großmutter war, sondern der Wolf, denn selbst in einer Nachthaube sieht ein Wolf einer Großmutter nicht ähnlich. [...]. Also nahm das kleine Mädchen eine Pistole aus ihrem Korb und schoss den Wolf tot.

Moral: Es ist heutzutage nicht mehr so leicht wie ehedem, kleinen Mädchen etwas vorzumachen.

(aus: J. Thurber: 75 Fabeln für Zeitgenossen, Copyright © 1967 by Rowohlt Verlag GmbH, Reinbek)

Wortzahl:	168
Rechtschreibschwerpunkte:	s-Laute, gleich und ähnlich klingende Konsonanten (d-t, g-k)
Interpunktion:	Komma: vor „und", Konjunktionalsatz
Didaktisch-methodische Hinweise:	1. Erzählt das Originalmärchen.
	2. Was hat Thurber verändert? Vergleicht diese Fabel mit dem entsprechenden Märchen. Beachtet auch die Moral.
	3. Grammatik: Umformung der indirekten in direkte Rede und Vergleich der sich ändernden Satzelemente
	4. Rechtschreibung: Vergleicht die Schreibweise der folgenden Zeitangaben: „eines Nachmittags" – am Nachmittag – nachmittags – gestern Nachmittag.

Sieben Zwerge gründen einen Verein nach Ulrich Kaiser

Es waren einmal sieben Zwerge, die wohnten hinter sieben Bergen und ließen es sich gut sein. Der Haushalt wurde von einer fleißigen jungen Frau geführt (einem gewissen Schneewittchen), so dass es ihnen mit der Zeit so erging wie allen, die nichts zu tun haben: Sie langweilten sich.

Da hatte einer der sieben Zwerge eine Idee. Er sagte: „Lasst uns einen Verein gründen!" Und da man nach deutschem Vereinsrecht dazu gerade sieben Zwerge (selbstverständlich können auch sieben Riesen einen Verein gründen) benötigt, war man richtig froh.

Man hielt eine Gründungsversammlung ab, denn das ist ja so üblich. Dann ging man zum Gericht, um den Verein ordnungsgemäß eintragen zu lassen. Dort wurden die Zwerge befragt, zu welchem Zweck der Verein denn gegründet worden sei. [...]

(nach: U. Kaiser: Der Sport im Land der Zwerge. In: Stuttgarter Zeitung vom 3. 1. 1982)

Wortzahl:	128
Rechtschreibschwerpunkte:	s-Laute, Dehnung/Schärfung
Interpunktion:	Klammer; Komma: Konjunktionalsatz
Didaktisch-methodische Hinweise:	1. Schreibt eine Fortsetzung der Geschichte.
	2. Handelt es sich bei diesem Text um ein Märchen? Begründet eure Ansicht. (Erarbeitung der satirischen Verfremdung durch eine Gegenüberstellung und Vergleich der dargestellten „Welten")
	3. Grammatik: Abgrenzung von Hauptsatz und Nebensatz (vgl. die Stellung des finiten Verbs)

Leben am Bach

Vom Bergwald schlängelt sich der Bach hinab zu den saftigen Wiesen. Sein Lauf ist noch nicht begradigt, seine Uferwände sind noch nicht befestigt. Weiden und Erlen begleiten ihn auf beiden Seiten. Manchmal fließt er langsam dahin, dann strömt er wieder wild um Hindernisse und über Steine. An seinen Rändern haben sich Buchten gebildet, in denen das Wasser steht. Schilf und Rohrkolben bewegen sich raschelnd im Wind.

Eine Amsel fliegt dicht über dem Wasser. Ein Storch schlägt mit seinem Schnabel zu und packt einen Frosch. Libellen tun sich mit ihren Flugkünsten hervor. Auf dem Bach schwimmt ein auffallend gefärbtes Entenmännchen und sucht nach Kleintieren im Schlamm. Es verschmäht auch nicht den kleinsten Happen. Eine Entenmutter folgen ihre zehn Jungen. Sie fühlen sich plötzlich gestört und verstecken sich im Schilf.

Wortzahl:	131
Rechtschreibschwerpunkte:	gleich und ähnlich klingende Konsonanten und Vokale (d-t, g-k, f-v, ä-e), Dehnung/Schärfung
Interpunktion:	Komma: Satzreihe
Didaktisch-methodische Hinweise:	1. Erarbeitung der Schilderung durch eine Zeichnung der dargestellten Landschaft; Fortsetzung des Textes (Weiterführung der Schilderung oder Veränderung des Textcharakters: Welches sprachliche Element lässt Spannung entstehen? Schreibt eine Fortsetzung, in der etwas Spannendes im Mittelpunkt steht. Wie wird diese Spannung sprachlich erzeugt?) 2. Was unterscheidet diese Schilderung von einer sachlichen Beschreibung? (Erarbeitung der unterschiedlichen „Schreibhaltungen") 3. Grammatik/Zeichensetzung: Umformung des parataktischen in einen hypotaktischen Satzbau (grammatikalischer und stilistischer Vergleich)

21 Zugvögel

Schon lange hört man nicht mehr das Rufen des Kuckucks. Er hat wie andere Zugvögel eine weite Reise in wärmere Länder angetreten und wird erst im Frühjahr zurückkehren.

Die alten Kuckucke haben sich bereits im Juli auf den weiten, gefahrvollen Flug begeben. Sie fliegen nicht in Schwärmen wie Schwalben, Finken und Stare oder in Familienverbänden wie die Störche, Wildgänse und Kraniche. Jeder unternimmt den Zug ganz allein. Im Juli sind ihre Jungen kaum flugfähig. Sie brechen deshalb erst im August oder September auf. Kein älterer Vogel zeigt ihnen den Weg, und trotzdem finden sie ihr Winterquartier im Süden Afrikas. Ein angeborener Instinkt gibt das Startsignal zum Aufbruch und bestimmt Richtung und Weg des Zuges.

Viele Vögel müssten verhungern, wenn sie im Winter bei uns blieben. Die Schwalbe könnte nur wenige Fluginsekten fangen. Der gefräßige Kuckuck fände nicht genügend Larven. Der Storch würde vergebens nach Molchen, Eidechsen, Fröschen, Schlangen und Heuschrecken im feuchten Wiesengrund suchen.

Nicht alle Zugvögel ziehen allerdings bis nach Afrika. Ein Teil überwintert an den wärmeren Küsten des Mittelmeers und Westeuropas. Dort erwartet sie ein reicheres Futterangebot als im kalten Norden.

Wortzahl:	184
Rechtschreibschwerpunkte:	gleich und ähnlich klingende Vokale und Konsonanten (ä-e; g-k-ch, f-v, b-p), Dehnung/Schärfung
Interpunktion:	Komma: Aufzählung
Didaktisch-methodische Hinweise:	1. Informiert euch im Lexikon über den Weg der Zugvögel. Woher kommen die Vögel? Wohin fliegen sie? Fertigt eine Zeichnung des Weges an.
	2. Was wisst ihr sonst noch über den seltsamen Vogel Kuckuck?
	3. Grammatik: Untersuchung des Satzes „Viele Vögel müssten verhungern, wenn sie im Winter bei uns blieben." (Satzbauplan des Hauptsatzes, des Nebensatzes, Stellung des finiten und infiniten Verbs, die Rolle der Konjunktion und der Konjunktiv II)

22 Die Spinne

nach Johann Peter Hebel

Die Spinne wird von vielen Menschen verachtet, obwohl sie doch eigentlich ein sehr merkwürdiges Geschöpf ist. So hat dieses Tier nicht bloß zwei Augen, sondern acht. Mancher wird dabei denken, da sei es keine Kunst, dass sie Fliegen und Mücken, die an ihren Fäden zwischen den Pflanzen hängen bleiben, so geschwind erblickt und einzufangen weiß. Doch das ist nicht der einzige Grund. Eine Fliege hat nach den Untersuchungen der Naturforscher nämlich viele hundert Augen und nimmt sich doch weder vor dem Netz in Acht noch vor ihrer Feindin, die groß genug darin sitzt. Was folgt daraus?
Es gehören wohl nicht nur Augen, sondern auch Verstand und Geschick dazu, wenn man glücklich durch die Welt kommen und in keine verborgenen Fallstricke geraten will.

Wortzahl:	124
Rechtschreibschwerpunkte:	s-Laute, Zusammen- und Getrenntschreibung, gleich und ähnlich klingende Konsonanten (d-t, pf-f-v)
Interpunktion:	Komma: Konjunktionalsatz, Relativsatz
Didaktisch-methodische Hinweise:	1. Mit welcher Absicht wird hier die Spinne beschrieben? Untersucht die Schreibhaltung. (Abgrenzung „Bericht", „Beschreibung", subjektive Form des Schreibens)
	2. Grammatik/Reflexion über Sprache: Formt den Satz *„Mancher wird dabei denken, da sei es keine Kunst..."* so um, dass deutlich wird, welche stilistische Funktion hier das Futur übernimmt. *(„Mancher denkt vermutlich...")*
	3. Zeichensetzung: Komma vor „sondern" (als entgegensetzende Konjunktion) und bei „nicht nur..., sondern auch" (als anreihende Konjunktion)

23 Der Rekrut

nach Johann Peter Hebel

Ein Rekrut, den schon in den ersten vierzehn Tagen das Wachestehen lang-
weilte, betrachtete eines Morgens das Schilderhaus sorgfältig von unten, oben,
hinten und vorne wie ein Förster, wenn er einen Baum schätzt, oder ein Vieh-
händler eine Herde Pferde. Schließlich seufzte er kopfschüttelnd: „Ich möchte
nur wissen, was sie an diesem einfachen Kasten so Wertvolles finden, dass
man ihn Tag für Tag von morgens bis abends hüten und schützen muss." Denn
er meinte, er stehe wegen dem Schilderhaus da, nicht das Schilderhaus wegen
ihm.

Wortzahl:	85
Vorgabe:	Rekrut
Rechtschreibschwerpunkte:	gleich und ähnlich klingende Konsonanten (pf-f-v), Groß- und Kleinschreibung
Interpunktion:	Komma: Konjunktionalsatz
Didaktisch-methodische Hinweise:	1. Wie wird der Rekrut charakterisiert? Was ist an seinem Verhalten „merkwürdig"?
	2. Welche allgemeine Lehre mag in diesem Einzelfall verborgen sein? Könnt ihr eine „Moral" formulieren? (Texterarbeitung und -deutung)
	3. Rechtschreibung: Vergleich der Schreibung von „*eines Morgens*" – „*von morgens bis abends*"
	4. Grammatik: „wegen" + Genitiv in der Hochsprache (Dativ in der Umgangssprache und in besonderen Fällen)

24 Faulpelz oder Lebenskünstler?

Ein junger Mann lag bereits morgens seelenruhig, während andere fleißig zu ihrer Arbeit gingen, ausgestreckt unter einem Baum, döste vor sich hin und genoss offensichtlich das Leben, als ein Freund vorbeikam und ihm zurief: „Wie kannst du nur so deine kostbare Zeit vertun! Mach lieber ein bisschen Holz klein."

„Wozu?"

„Um es als Brennholz zu verkaufen. Mit dem Erlös kannst du dir eine Karre kaufen und dein Geschäft erweitern. Dann wird es mit dir aufwärts gehen: Du wirst mehr verdienen, ein paar Leute einstellen, einen Lastwagen anschaffen, schließlich ein Sägewerk einrichten und ein großes Unternehmen aufbauen."

„Wozu?"

„Damit du reich wirst und dich jederzeit ausruhen kannst."

„Und was meinst du, was ich jetzt tue?"

Wortzahl:	117
Rechtschreibschwerpunkte:	s-Laute, Zusammen- und Getrenntschreibung, Dehnung/Schärfung
Interpunktion:	Komma: Aufzählung, Konjunktionalsatz
Didaktisch-methodische Hinweise:	1. Diskussion/Erörterung: Haltet ihr die Einstellung des „Faulpelzes oder Lebenskünstlers" für richtig? Was würde geschehen, wenn alle so dächten? (Einordnung in eine UE „Fortschritt, Leistung")
	2. Vergleich mit dem (u.a. in vielen Lesebüchern abgedruckten) Text „Anekdote zur Senkung der Arbeitsmoral" von Heinrich Böll (Eine genauere Analyse und Erörterung kann aber erst auf einer späteren Klassenstufe erfolgen.)

25 Der vorsichtige Träumer

nach Johann Peter Hebel

Es gibt doch ziemlich einfältige Leute in der Welt! In einer Schweizer Stadt übernachtete einmal ein Fremder in einem einfachen Gasthof, und als er nach dem Essen ins Bett gehen wollte und ganz bis auf das Hemd ausgekleidet war, zog er endlich noch ein Paar Pantoffeln aus seinem Bündel, zog sie an, band sie umständlich mit einem Strumpfband an den Füßen fest und legte sich so zum Schlafen nieder.

Da fragte ihn ein anderer Wandersmann, der in derselben Kammer übernachtete, wozu diese Maßnahme dienen solle. Darauf erwiderte der erste: „Ich muss äußerst vorsichtig sein. Denn ich bin neulich im Traum in eine Glasscherbe getreten. Da habe ich im Schlaf solche Schmerzen davon empfunden, dass ich um keinen Preis mehr barfuß träumen möchte."

Wortzahl:	125
Rechtschreibschwerpunkte:	s-Laute, Dehnung/Schärfung, Groß- und Kleinschreibung, gleich und ähnlich klingende Konsonanten und Vokale (d-t-dt, f-v-pf; ä-e, ü-i)
Interpunktion:	Komma: vor „und", Konjunktionalsatz, Aufzählung
Didaktisch-methodische Hinweise:	1. Will der Verfasser sich über den Mann lustig machen? Worin bestünde die mögliche Kritik?
	2. Schreibt diese Geschichte so um, dass die Lehre deutlich am Ende steht. (Neben der textanalytischen Betrachtungsweise der Anekdote bieten sich hier Formen einer produktiven Textgestaltung an: umschreiben, z.B. aus einer anderen Perspektive oder mit einer anderen Wirkungsabsicht, umformen in eine andere Textsorte u.a. Dabei können die jeweils konstitutiven Textelemente induktiv erarbeitet und auf ihre Wirkung hin befragt werden.)
	3. Rechtschreibung: Vergleich der Schreibweise „*Darauf erwiderte der erste*" – *Er war der Erste, der mich sah.*

26 Zaubern will gelernt sein

Auf einer Bahnfahrt saß ich einem Ehepaar mit seinem vierjährigen Töchterchen gegenüber. Als die Kleine nach einer Weile unruhig wurde, versuchte ich sie ein wenig abzulenken, nahm ihre Puppe, tat so, als würfe ich sie aus dem Fenster, verbarg sie aber bloß hinter meinem Rücken und zauberte sie dann mit einem „Hokuspokus" wieder herbei. Die Kleine war ganz begeistert, und die Eltern freuten sich offensichtlich, sie für einige Zeit beschäftigt zu sehen. Nachdem ich den Trick ein paarmal vorgeführt hatte, ergriff das Mädchen auf einmal mit dem Ruf „Ich kann auch zaubern!" die Handtasche ihrer Mutter und warf sie hinaus, bevor die Eltern oder ich sie daran hindern konnten. Dann strahlte das Kind mich erwartungsvoll an und sagte: „So, Onkel, zurückzaubern musst *du* die Tasche. Ich weiß nicht, wie es weitergeht."

Wortzahl:	135
Rechtschreibschwerpunkte:	Dehnung/Schärfung, Zusammen- und Getrenntschreibung, gleich und ähnlich klingende Konsonanten (f-v)
Interpunktion:	Komma: Konjunktionalsatz, vor „und"
Didaktisch-methodische Hinweise:	1. Verfasst zwei unterschiedliche Fortsetzungen dieser Geschichte. Lasst dabei eurer Fantasie freien Lauf. (Übung: Erlebniserzählung)

2. Grammatik: Untersucht die Form „*würfe*". Was wird mit dieser Verbform ausgedrückt? Wie wird diese Form gebildet? (Induktive Erarbeitung der Leistung und der Bildung des Konjunktivs II; über ein Reporterspiel – „Was würden Sie tun, wenn Sie plötzlich eine Million hätten?" – kann eine systematischere Erarbeitung der unterschiedlichen Formen auf einer späteren Klassenstufe erfolgen. Der Konjunktiv I kann durch eine Gegenüberstellung von Rede und berichteter Rede erarbeitet werden.)

3. Rechtschreibung:
   a) Vergleicht die Schreibweise „*ein paarmal*" – *das Paar Schuhe*; „*auf einmal*" – *einige Male*.
   b) Erarbeitung der Regel zur Zusammen- und Getrenntschreibung (*Kann ich dir weiterhelfen? – Ich werde dir auch weiter helfen.*)

27 Till Eulenspiegel und die Schildbürger

Till Eulenspiegel fand die Schildbürger bei schwerer Arbeit. Sie bauten an einem neuen, prachtvollen Rathaus, das ihrer Stadt mehr Ansehen verschaffen sollte. Bei dem großen Eifer der Bürger gedieh das Werk vorzüglich, und der Bau konnte innerhalb kurzer Zeit eingeweiht und auch benutzt werden. Allerdings stellte sich bald ein arger Missstand heraus: Das Gebäude war innen völlig dunkel, so dass die ehrbaren, würdigen Ratsherren selbst am helllichten Tag ihre Sitzungen bei brennenden Kienspänen abhalten mussten. Im Übereifer des Bauens hatten sie die Fenster einfach vergessen, und niemand hatte das gemerkt.

In der Not wandten sie sich an Till Eulenspiegel. Der geizte nicht mit seiner Weisheit, doch wollte er sein Wissen der Stadt nicht umsonst zur Verfügung stellen. Er verlangte keck fünfzig Gulden für seine Mühe. Die Summe wurde ihm bewilligt, und darauf rückte er mit seinem Ratschlag heraus. [...]

Wortzahl:	143
Vorgabe:	Kienspäne
Rechtschreibschwerpunkte:	s-Laute, Dehnung/Schärfung, gleich und ähnlich klingende Konsonanten (b-p, g-k-ch, f-v, d-t-dt)
Interpunktion:	Komma: Aufzählung, vor „und"
Didaktisch-methodische Hinweise:	1. Welchen Ratschlag gab Till? Setzt die Geschichte fort. Ihr könnt dabei frei erfinden.
	2. Rechtschreibung: Untersuchung der Wörter „helllicht", „Missstand"
	3. Grammatik: Untersucht die Vergangenheitsform „sie wandten sich an ...". (Abgrenzung der starken und schwachen Beugung; Differenzierung von „er wendete" und er wandte in der heutigen Sprachverwendung.)

28 **Der Rattenfänger von Hameln** nach den Brüdern Grimm

Im Jahre 1284 ließ sich zu Hameln ein wunderlicher Mann sehen. Er gab sich als Rattenfänger aus und versprach, gegen ein gewisses Entgelt in kurzer Zeit die Stadt von allen Mäusen und Ratten zu befreien. Die geplagten Bürger waren sofort mit dem Angebot einverstanden und vereinbarten mit ihm einen großzügigen Lohn. Daraufhin zog der Rattenfänger ein Pfeifchen hervor und pfiff. Sogleich kamen die Ratten und Mäuse aus allen Häusern hervorgekrochen und sammelten sich um ihn. Sobald er überzeugt war, dass er keine mehr zurücklasse, verließ er die Stadt, und der ganze Haufen folgte ihm willig. Er führte sie an die Weser; dort trat er ein paar Schritte weit ins Wasser, worauf ihm alle Tiere blindlings nachsprangen und jämmerlich ertranken.

Als er nun den Bürgern seine Forderung vorlegte, reute sie der versprochene Lohn, und sie verweigerten unter allerlei Ausflüchten dem braven Mann das Geld, so dass er voller Zorn über diese Undankbarkeit wegging. [...]

Wortzahl:	156
Rechtschreibschwerpunkte:	Zusammen- und Getrenntschreibung, gleich und ähnlich klingende Konsonanten (f-v-pf-w, d-t-dt, g-k), s-Laute
Interpunktion:	Komma: vor „und", Konjunktionalsatz
Didaktisch-methodische Hinweise:	1. Erzählt den bekannten Schluss der Sage vom Rattenfänger. Könnt ihr euch auch einen anderen Schluss denken?
	2. Bei den Bürgern hat sicherlich eine rege Diskussion vorher und nachher stattgefunden. Spielt diese Diskussion. (Rollenspiel, Dramatisierung unterschiedlicher Standpunkte)
	3. Schreibt eine kurze Nachricht zu diesem Vorfall und eine Reportage, die den Leser anschaulich mit dem Geschehen vertraut macht. Stellt euch vor, ihr wäret Reporter.

29 Der Bauer und der Teufel

nach den Brüdern Grimm

Es war einmal ein kluger, verschmitzter Bauer, von dessen Streichen viel Lustiges zu erzählen wäre. Am schönsten ist aber doch die Geschichte, wie er den Teufel getäuscht und zum Narren gehalten hat.

Seit dem frühen Morgen hatte der Bauer Rüben gesät und rüstete sich nun zur Heimfahrt, weil es bereits dämmerte. Da erblickte er plötzlich auf seinem Acker einen Haufen feuriger Kohlen, und als er verwundert näher trat, sah er, dass auf der leuchtenden Glut ein kleiner, schwarzer Teufel hockte.

Der Bauer bekreuzigte sich rasch, doch hinderte ihn seine Neugier am Davonlaufen. „Du sitzt wohl auf einem Schatz?", fragte er.

„Ja", antworte der Teufel, „auf einem Schatz, der mehr Gold und Silber enthält, als du jemals gesehen hast."

Der Bauer hatte jede Scheu verloren und sprach: „Der Schatz liegt auf meinem Besitz, also gehört er mir."

„Er soll dein sein", entgegnete der Teufel ohne Zögern, „wenn du mir zwei Jahre lang die Hälfte von allem gibst, was du von diesem Feld erntest." Der gewitzte Bauer ging ohne weiteres auf den Handel ein, nachdem er dem Teufel einen Vorschlag gemacht hatte. […]

Wortzahl:	185
Rechtschreibschwerpunkte:	Groß- und Kleinschreibung, gleich und ähnlich klingende Vokale (ä-e), Dehnung/Schärfung
Interpunktion:	wörtliche Rede; Komma: Relativsatz, Konjunktionalsatz, Aufzählung/Reihung
Didaktisch-methodische Hinweise:	1. Wie hat der Bauer den Teufel wohl hereingelegt? (Fortsetzung des Märchens)
	2. Stellt Elemente zusammen, die diese Geschichte als Märchen kennzeichnen. Was unterscheidet ein Märchen von einer Fabel?
	3. Interpunktion: Vergleicht die folgenden Sätze: „*Der Schatz enthält mehr Gold, als du jemals gesehen hast.*" – *Der Schatz enthält mehr Gold als Silber.*
	4. Rechtschreibung: Vergleicht die Schreibweise *Er ging ohne weiteres darauf ein.* – *Des Weiteren erklärte er ihm.*

Spielt Simon mit?

Die sechste Klasse musste ein wichtiges Fußballspiel austragen, für das nach langer, erregter und zeitweise sehr gefühlsbetonter Diskussion auch Michael mit aufgestellt wurde. An seiner Stelle sollte Simon, der gehofft hatte mitzuspielen, aus der Mannschaft ausscheiden und nur zusehen. Ziemlich enttäuscht und auch ein wenig beleidigt ging Simon nach Hause. Ein paar Tage später, kurz vor Spielbeginn, verletzte sich aber Michael so schmerzhaft am Knie, dass er nur noch humpeln konnte. An seinen Einsatz war nicht mehr zu denken. Jetzt musste Simon die Ehre der Klasse retten. Barbara und Jan bekamen von ihren Mitschülern den Auftrag, Simon zu überreden, nun doch anzutreten.

Wortzahl:	105
Rechtschreibschwerpunkte:	Zusammen- und Getrenntschreibung, Dehnung/Schärfung, gleich und ähnlich klingende Vokale (ä-e), s-Laute
Interpunktion:	Komma: Relativsatz, erweiterter Infinitiv mit „zu"
Didaktisch-methodische Hinweise:	1. Rollenspiel: Gespräch Simon – Jan – Barbara

2. Informiert die Klasse 6 über das Gespräch, und zwar
   a) aus Sicht von Jan, einem Freund Simons, und
   b) aus der Sicht von Barbara, die Simon nicht mag. Wie unterscheiden sich diese Berichte? (Umformung des Dialogs in berichtete Rede, Anwendung des Konjunktivs)
3. Grammatik/Reflexion über Sprache: Welche Möglichkeit hat Barbara, das Gespräch sachlich wiederzugeben und dennoch ihre Meinung anzudeuten? (perspektivisches Darstellen, Modalfügung als Mittel der Distanzierung von dem Gesagten)

31 Mühle

Das Spiel „Mühle" ist für zwei Spieler gedacht, die sich gut konzentrieren können. Man benötigt ein Spielbrett und jeweils mindestens vier Steine. Diese Steine werden abwechselnd so auf die eingezeichneten Felder gesetzt, dass man drei Steine in einer Geraden stehen hat. Gelingt das, gewinnt man eine „Mühle" und darf dem Gegner einen Stein wegnehmen.

Nachdem alle Steine gesetzt worden sind, muss gezogen werden. Jeder Spieler bemüht sich weiter, möglichst viele Mühlen zu bauen.

Verloren hat, wem nur noch zwei Steine bleiben. Allerdings wird es vorher noch einmal besonders spannend: Wer bloß noch drei Steine besitzt, darf nämlich bei jedem Zug in jedes beliebige freie Feld springen. Das ist ein erheblicher Vorteil, denn bisher konnte man seine Steine nur jeweils in ein benachbartes Feld schieben.

Wortzahl:	125
Rechtschreibschwerpunkte:	s-Laute, gleich und ähnlich klingende Konsonanten (g-ch, f-v), Dehnung/Schärfung
Interpunktion:	Komma: Konjunktionalsatz, uneingeleiteter Nebensatz
Didaktisch-methodische Hinweise:	1. Was fehlt bei dieser Spielanleitung? (Umschreiben mit Ergänzungen)
	2. Verfasst eine möglichst genaue Anleitung für ein Spiel eurer Wahl.
	3. Schreibt eine Anleitung, wie man beim Fahrrad einen „Platten" repariert (mit dem Rekorder Aufnahmen macht u.a.). (Text und Arbeitsvorschläge zielen auf eine genauere Erarbeitung und Übung objektiver Schreibhaltungen. Die Vorgangsbeschreibung kann als Vorbereitung zur umfangreicheren Berichtform dienen.)

Das Schachspiel

Schach, das „königliche Spiel", wird von zwei Personen gespielt, die beide bestrebt sind, möglichst viele Figuren des Gegners zu gewinnen.

Das scheint das Wesentliche zu sein, doch Schach ist in Wirklichkeit ziemlich kompliziert.

Vieles an diesem Spiel erinnert eher an den Kampf zweier Armeen gegeneinander als an einen friedlichen Wettstreit. Zu den beteiligten Figuren zählen Offiziere, zu denen eine Königin und ein König gehören, und Bauern, die alle gemeinsam erbittert gegen jeden der anderen Partei kämpfen. Ziel ist es letztlich, den gegnerischen König zu fangen, ihn so „matt zu setzen", dass er sich nicht mehr allein oder mit Hilfe seiner Verbündeten retten kann.

Diese Auseinandersetzung verläuft allerdings nach genau festgelegten Regeln. Jede Figur darf auf den vorgezeichneten Feldern ausschließlich bestimmte Züge durchführen. Aus diesem Grund kann ein konzentrierter Spieler im Voraus die möglichen Reaktionen seines Gegenspielers berechnen und daraus geeignete Schlüsse für sein eigenes Vorgehen ziehen.

Wortzahl:	148
Rechtschreibschwerpunkte:	Dehnung/Schärfung, Zusammen- und Getrenntschreibung, s-Laute
Interpunktion:	Komma: Relativsatz, erweiterter Infinitiv mit „zu"
Didaktisch-methodische Hinweise:	1. Überprüft die Spielerläuterung wie folgt:

      a) Informationsgehalt (Sind alle wesentlichen Angaben enthalten?)

      b) Ändert den Text so, dass nur noch sachliche Informationen gegeben werden. Wo wertet der Verfasser subjektiv?

      c) Vergleicht euren Text mit dem diktierten.

  2. Verfasst eine Spielanleitung für ein anderes Spiel. Nach welcher Gliederung müsst ihr vorgehen?

33 Wer kennt die Lösung?

Ein dreißig Zentimeter langes, dünnes Rohr ist senkrecht im Rasen eingegraben worden, so dass man einen Tischtennisball, der dort hineingefallen ist, beim besten Willen nicht mit der Hand herausholen kann.

Als Hilfsmittel stehen uns aber Gegenstände zur Verfügung, die wir in jedem Haushalt vorfinden.

Wie hole ich den Ball wieder aus dem Rohr, ohne dass ich ihn zerstöre? Die Lösung ist erstaunlich einfach, aber herausbekommen kann man sie nur, wenn man ein bisschen Fantasie entwickelt.

Wortzahl:	79
Rechtschreibschwerpunkte:	s-Laute, Dehnung/Schärfung, Zusammen- und Getrenntschreibung
Interpunktion:	Komma: Relativsatz, Konjunktionalsatz
Didaktisch-methodische Hinweise:	1. Beschreibt eure Lösung des Problems. (Lösung: Wenn man Wasser in das Loch gießt, wird der Ball nach oben getragen.)
	2. Entwickelt eigene Rätselspiele und Logeleien.
	3. Rechtschreibung: Erarbeitung/Wiederholung der Regel zur Zusammen- und Getrenntschreibung (vgl. „herausbekommen" – heraus sein; gut schreiben – gutschreiben; aber: sitzen bleiben.)

34 Eine Denknuss

In einem fernen Land gab es einst zwei Nachbarorte, die völlig verschieden waren. In dem Dorf A wohnten nur Lügner. Die Bewohner sagten immer und zu allem die Unwahrheit. In dem Dorf B lebten nur Menschen, die stets die Wahrheit sagten.

Eines Tages verirrte sich ein einsamer Wanderer in diese Gegend. Er wollte am Abend im Dorf A übernachten, das als einziges über einen Gasthof verfügte. Zum Glück kam ihm aus einem dieser Dörfer ein Mann entgegen, der ihm helfen wollte. Er blieb aber dabei, dass er ihm bloß eine Frage beantworten wolle. Obwohl der fremde Wanderer ja nicht wusste, aus welchem Dorf der Bewohner gekommen war, konnte er abends seine müden Glieder im warmen Bett des Gasthofs ausstrecken.

Wie gelangte der Wanderer in das richtige Dorf?

Wortzahl:	129
Rechtschreibschwerpunkte:	s-Laute, gleich und ähnlich klingende Konsonanten (w-f-v, g-k, d-t)
Interpunktion:	Komma: Relativsatz, Konjunktionalsatz
Didaktisch-methodische Hinweise:	1. Könnt ihr die „Denknuss" knacken? Raten allein führt aber nicht weiter, ihr müsst logisch vorgehen. (Erarbeitung einer Fragestrategie, etwa: Entscheidungsfragen beliebiger Art, die ich überprüfen kann; mögliche Fortführung durch die bekannten „17 und 4"-Fragespiele)
	2. Rechtschreibung: Groß- und Kleinschreibung von Zeitangaben („am Abend" – „abends")

Einst heiratete ein König, der als ebenso fürsorglich wie eifersüchtig galt, heimlich ein junges Mädchen, dessen Schönheit und Klugheit im ganzen Land gerühmt wurden. Um seine Frau vor neugierigen Blicken abzuschirmen und vor allen Zudringlichkeiten zu schützen, zog er mit ihr auf eine Burg, die fernab jeglicher menschlicher Behausung lag. Er ließ überdies verkünden, jedem fremden Mann, der Zugang zur Königin erhielt, drohe der Tod. Dennoch ließ er eines Tages zu, dass ein anderer Mann sie freudig begrüßte und herzlich umarmte. Wie war das möglich? Nun, eines Morgens verlangte ein Mann Einlass, der kurz darauf von der jungen Königin stürmisch empfangen wurde. Der König verstand augenblicklich die Situation, als sie ihm sagte: „Dieses Mannes Mutter ist meiner Mutter Schwiegermutter."
Da hieß der König den Besucher sofort freundlich und sogar überaus höflich willkommen.
Könnt ihr das erklären?

Wortzahl:	137
Rechtschreibschwerpunkte:	s-Laute, gleich und ähnlich klingende Konsonanten (g-k, -ig/-ich, d-t)
Interpunktion:	Komma: Relativsatz
Didaktisch-methodische Hinweise:	1. „Versteckt" durch eine ähnlich erzählerische Umschreibung andere Begriffe.
	2. Das „Teekesselchen"-Spiel (spielerische Gegenüberstellung einzelner Homonyme, die von der Klasse erraten werden sollen, z.B. *Bank – Bank*)
	3. Rechtschreibung:
	a) Wiederholung der Grundregel „Verlängere das Wort." (Wortlistendiktat: *herbstlich, freundlich, herrlich, väterlich, eisig, windig, traurig*)
	b) Untersucht die folgenden Begriffe: *ein dreistündiger Film, der Zug fährt stündlich, die tägliche Sendung, eine vierzehntägige Sendung, ein verständlicher Text, ein verständiger Mensch, ein fremdsprachiges Buch, ein fremdsprachliches Buch* (Reflexion über Sprache)

Die Rettung

Ein holländischer Kaufmann war in Bedrängnis geraten. Seine Geschäfte gingen schlecht, und er stand bei einem Geldverleiher hoch in der Schuld. Als er den fälligen Betrag zum festgesetzten Termin nicht zurückzahlen konnte, schlug ihm der Gläubiger einen Handel vor. Er würde auf sein Geld verzichten, wenn er die reizende Tochter des Kaufmanns zur Frau bekäme. Das Mädchen erschrak fürchterlich, denn der Verleiher war alt und hässlich. So weigerte sich ihr Vater, dem Antrag zuzustimmen. Doch der Verleiher drohte, den Kaufmann ins Gefängnis werfen zu lassen, falls er sich nicht füge. Er wolle ihm aber entgegenkommen und empfehle deshalb, dem Schicksal die Entscheidung zu überlassen. Er werde aus dem Kiesweg, auf dem sie gerade standen, einen schwarzen und einen weißen Stein aufheben und in seiner Hand verbergen. Ohne hinzusehen, solle dann das Mädchen einen der beiden Kieselsteine auswählen. Ziehe sie den schwarzen, müsse sie ihn heiraten. Entnehme sie aber den weißen, sei dem Kaufmann die Schuld erlassen. Vater und Tochter willigten verzweifelt ein, das schreckliche Spiel mitzumachen.
Das Mädchen bemerkte jedoch voller Entsetzen, dass der Alte sie überlisten wollte und zwei schwarze Kieselsteine ergriff. Was sollte sie tun?

Wortzahl:	189
Rechtschreibschwerpunkte:	gleich und ähnlich klingende Konsonanten (g-k, f-pf-v), Zusammen- und Getrenntschreibung
Interpunktion:	Komma: erweiterter Infinitiv mit „zu", Konjunktionalsatz
Didaktisch-methodische Hinweise:	1. Welche Lösung fand das Mädchen? (Sie lässt den Stein unbesehen fallen, so dass er zwischen den anderen Kieseln des Weges nicht mehr identifiziert werden kann; der Verleiher müsste nun anhand des ihm verbliebenen Steins sagen können, welchen sie gezogen hatte, und wird so selbst Opfer der versuchten Täuschung.)
	2. Grammatik: Erarbeitung der Konjunktivformen (Analyse, Umschreiben in direkte Rede oder Dialogisierung der gesamten Szene und Vergleich der Verbformen)
	3. Rechtschreibung: Wiederholung der Regeln zum Bereich Dehnung/Schärfung am Beispiel der Schreibweise „k-ck" und „z-tz" (Kennzeichnung langer und kurzer Vokale)

37 Die Untermieterin
Heinz Erhardt

Du stehst vorm Apfelbaum und lobst:
„Was ist das für ein herrlich Obst!"
Pflückst einen Apfel, beißt hinein,
verziehst den Mund, fängst an zu spein;
denn eine Made erster Güte
wohnt dort schon lang in Untermiete.
Du stehst vorm Apfelbaum und tobst:
„Wie kommt die Made in das Obst?!"
Die Hülle trügt! – Das Ungeziefer
dringt da im Allgemeinen tiefer ...

(aus: Das große Heinz-Erhardt-Buch, © Fackelträger Verlag GmbH, Hannover 1970)

Wortzahl:	61
Vorgabe:	spei (e) n
Rechtschreibschwerpunkte:	Dehnung/Schärfung, gleich und ähnlich klingende Konsonanten (b-p, pf-f)
Interpunktion:	Ausrufezeichen; Komma: Aufzählung
Didaktisch-methodische Hinweise:	1. Versucht die Aussage der letzten beiden Zeilen zu erläutern.
	2. Schreibt diese „Geschichte" in eine Erzählung um. Vergleicht die Wirkung von Gedicht und Erzählung.

38 Die Made

Heinz Erhardt

Hinter eines Baumes Rinde
wohnt die Made mit dem Kinde.
Sie ist Witwe, denn der Gatte,
den sie hatte, fiel vom Blatte.
Diente so auf diese Weise
einer Ameise als Speise.

Eines Morgens sprach die Made:
„Liebes Kind, ich sehe grade,
drüben gibt es frischen Kohl,
den ich hol. So leb denn wohl!
Halt, noch eins! Denk, was geschah,
geh nicht aus, denk an Papa!"

Also sprach sie und entwich. –
Made junior aber schlich
hinterdrein, und das war schlecht!
Denn schon kam ein bunter Specht
und verschlang die kleine fade
Made ohne Gnade. Schade!

Hinter eines Baumes Rinde
ruft die Made nach dem Kinde.

(aus: Das große Heinz-Erhardt-Buch, © Fackelträger Verlag GmbH, Hannover 1970)

Wortzahl:	106
Rechtschreibschwerpunkte:	Dehnung/Schärfung
Interpunktion:	Ausrufezeichen; Komma: Relativsatz, Satzreihe (Imperativ)
Didaktisch-methodische Hinweise:	1. Worin besteht der „Witz" dieses Gedichts? Worüber lacht man als Zuhörer? (Erarbeitung von Wortspielen, Reimformen, Rhythmus und Metrum)
	2. Reimspiele (Zu einem möglichst lustigen Thema einfache Gedichte schreiben; spielerisches Reimen; „Reimketten" können zuvor geübt werden: ein Schüler gibt ein Wort vor, die anderen suchen entsprechende Reimwörter)

39 Überlistet

Heinz Erhardt

Wenn Blätter von den Bäumen stürzen,
die Tage täglich sich verkürzen,
wenn Amsel, Drossel, Fink und Meisen
die Koffer packen und verreisen,
wenn all die Maden, Motten, Mücken,
die wir versäumten zu zerdrücken,
von selber sterben – so glaubt mir:
Es steht der Winter vor der Tür!

Ich lass ihn stehn!
Ich spiel ihm einen Possen!
Ich hab die Tür verriegelt
und gut abgeschlossen!
Er kann nicht 'rein!
Ich hab ihn angeschmiert!
Nun steht der Winter vor der Tür ---
und friert!

(aus: Das große Heinz-Erhardt-Buch, © Fackelträger Verlag GmbH, Hannover 1970)

Wortzahl:	81
Vorgabe:	einen Possen spielen
Rechtschreibschwerpunkte:	gleich und ähnlich klingende Vokale (ä-e, i/ie-u), Dehnung/Schärfung, s-Laute
Interpunktion:	Ausrufezeichen; Komma: Aufzählung, Satzreihe
Didaktisch-methodische Hinweise:	1. Worin liegt die komische Wirkung dieses Gedichtes?
	2. Was unterscheidet dieses Gedicht von anderen bekannten Wintergedichten?
	3. Verfasst ähnliche Gedichte.

40 Nachricht

Am Freitagmorgen wurde in Frankfurt endlich ein lang gesuchter Einbrecher gestellt und von der Polizei festgenommen. Dies ist der Geistesgegenwart eines Schülers zu verdanken, der auf seinem Weg zur Schule den ihm durch ein Bild aus der Zeitung bekannten Dieb wiedererkannte und seine Beobachtungen sofort der nächsten Polizeidienststelle meldete.

Fritz M., offensichtlich gerade unterwegs zu einer neuen Untat, wunderte sich sehr, als er plötzlich und unvermutet auf der Straße verhaftet wurde. Er schimpfte und fluchte anfangs zwar lautstark, ließ sich dann aber widerstandslos abführen. Neben dem Lob für sein hervorragendes Gedächtnis empfing der aufmerksame Schüler auch eine kleine Belohnung, die für die Ergreifung des Einbrechers ausgesetzt worden war.

Wortzahl:	108
Rechtschreibschwerpunkte:	Zusammen- und Getrenntschreibung, Dehnung/Schärfung, gleich und ähnlich klingende Konsonanten (d-t, g-k, b-p, f-v-pf)
Interpunktion:	Komma: Relativsatz
Didaktisch-methodische Hinweise:	1. Schreibt mit Hilfe dieser Vorlage eine spannende Erzählung aus der Sicht des Jungen oder aus der Sicht des Diebes. Was ändert sich?
	2. Verfasst einen Polizeibericht zu diesem Vorfall. (Abgrenzung von Nachricht, Bericht und Erzählung)
	3. Rechtschreibung: Erarbeitung und Wiederholung der Regel zur Schreibung der s-Laute (Vergleicht die Schreibweisen von „*Er ließ sich abführen.*" – *Er liest eine Zeitung. – Er verließ das Verlies.*)

41 Uniformsünder

nach einer Pressemeldung

Ein junger Mann erfüllte sich in der Nacht zum Montag seinen Traum, einmal wie die Feuerwehr durch die Stadt zu brausen. Um Polizeikontrollen zu entgehen, hatte er sich sogar die Uniform eines Oberbrandmeisters besorgt. Bei seiner rücksichtslosen Fahrt überquerte er mehrere Kreuzungen bei Rot. Wegen dieser Verkehrsgefährdungen verfolgten ihn bald etliche Funkstreifenwagen. Die Polizei ließ sich nämlich durch die Verkleidung des Rasers nicht irreführen. Zunächst konnte der junge Mann allerdings mit hoher Geschwindigkeit über die Autobahn entkommen. Erst durch eine Fahrbahnsperrung gelang es der Polizei, den falschen Feuerwehrmann endlich zu stoppen.

Wortzahl:	92
Rechtschreibschwerpunkte:	gleich und ähnlich klingende Konsonanten (d-t, f-v, g-k), Dehnung/Schärfung
Interpunktion:	Komma: erweiterter Infinitiv mit „zu"
Didaktisch-methodische Hinweise:	1. Wie ist die Nachricht aufgebaut? Welche Informationen bietet sie, welche Fragen bleiben offen?
	2. a) Verfasst einen Erlebnisbericht aus je unterschiedlichen Perspektiven (verfolgender Polizist, der junge Mann, ein Fußgänger).
	b) Verfasst einen Polizeibericht über diesen Vorgang.
	3. Rechtschreibung: Vergleicht die Schreibweisen „bei Rot" – das Rote Kreuz – die rote Karte (Fußball).

42   **Eine eisige Überraschung**   nach einer Pressemeldung

Mit dem Schrecken davon kamen die Besitzer eines Landhauses in der Nähe Londons am letzten Mittwochabend. Während sie gemütlich beim Essen saßen, krachte es plötzlich fürchterlich im Gebälk. Als die entsetzten Leute die Ursache für diese gewaltige Erschütterung herausfinden wollten und schließlich auch auf dem Dachboden nachsahen, entdeckten sie die Reste eines riesigen Eisblocks, die langsam dahinschmolzen. Das Eis war offenbar von einem Flugzeug aus großer Höhe herabgestürzt, durch das Dach gebrochen und begann nun zu tauen. Der Eisklotz hatte zwar beim Aufprall ein sechzig Zentimeter großes Loch in das Dach gerissen, aber verletzt hatte er glücklicherweise niemand.

Wortzahl:	101
Rechtschreibschwerpunkte:	Zusammen- und Getrenntschreibung, Dehnung/Schärfung (tz, ck)
Interpunktion:	Komma: Konjunktionalsatz
Didaktisch-methodische Hinweise:	1. Verfasst auf der Grundlage dieser Meldung eine möglichst spannende Erzählung. Was unterscheidet diese Meldung von eurer Erzählung? (Vorübung zur Abgrenzung von objektiven und subjektiven Schreibhaltungen)
	2. Grammatik/Reflexion über Sprache: Vergleicht die unterschiedliche Bedeutung der Wörter „offenbar", offensichtlich, scheinbar, anscheinend. Bildet zu jedem Wort einen Beispielsatz. (Begriffsschulung durch semantische Differenzierung)

43 **Einfach unglaublich!** nach einer Pressemeldung

Ein kalifornischer Polizist mochte seinen Augen und dem Geschwindigkeitsmesser nicht trauen: Mit einem Tempo von 115 Stundenkilometern sauste ein Skateboardfahrer eine abschüssige, kurvenreiche Straße hinunter an ihm vorbei. Zwar nahmen zwei Streifenwagen sofort die Verfolgung auf, doch konnte der jugendliche Rennfahrer zunächst entkommen. Erst nach langer Verfolgungsjagd gelang es der Polizei, den Raser zu stoppen.

Obwohl in den Vereinigten Staaten nahezu überall eine strenge Höchstgeschwindigkeitsbegrenzung von 55 Meilen (etwa 88 Stundenkilometer) besteht, konnte der Verkehrssünder nicht belangt werden, da er nach der geltenden Rechtsprechung Fußgänger ist, das Tempolimit aber nur für Motorfahrzeuge gilt. So kam er mit einer Verwarnung davon, weil er als „Fußgänger" diesen unerlaubten Rekord aufstellte.

Wortzahl:	110
Rechtschreibschwerpunkte:	s-Laute, gleich und ähnlich klingende Konsonanten (g-k, d-t, v-f)
Interpunktion:	Komma: Konjunktionalsatz
Didaktisch-methodische Hinweise:	1. Verfasst ein Protokoll der Polizei.
	2. Schreibt einen möglichst spannenden Artikel über diesen Vorfall. Wie unterscheiden sich eure Aufsätze voneinander? (Abgrenzung von Erzählung und Berichtform)
	3. Grammatik: Transformation von Satzgliedern in Gliedsätze (z.B. Attribute in Relativsätze)
	4. Grammatik/Reflexion über Sprache: Untersuchung der Komposita (Substantiv – Substantiv, Substantiv – Adjektiv)
	5. Rechtschreibung: Untersuchung der Schreibweise „*in den Vereinigten Staaten*", *der Erste Mai, der Regierende Bürgermeister von Berlin*

44 Eine Denkaufgabe

nach Otto Knobel

Ein Zirkusdirektor gab in einer fröhlichen Runde die folgende Denkaufgabe: Zu meinem Personal gehören ein Feuerschlucker, ein Clown und ein Löwenbändiger. Zufälligerweise haben alle drei als Familiennamen Vornamen; sie heißen: Herr Fritz, Herr Paul, Herr Karl, wobei ich die Namen nicht der Reihe nach genannt habe. Drei meiner Raubtiere haben nun dieselben Namen, nur dass wir sie natürlich nicht mit „Herr" anreden. Sie heißen Fritz, Paul und Karl.

Karl ist während der Winterpause im Düsseldorfer Zoo untergebracht, Paul muss täglich 30 Pfund Fleisch bekommen. Der Clown wohnt genau auf halber Strecke zwischen Hamburg und Düsseldorf. In dem Zoo, der dem Wohnort des Clowns am nächsten gelegen ist, ist das Raubtier untergebracht, das am Tage dreimal so viel Fleisch verspeist wie der Clown.

Der Namensvetter des Clowns ist im Hamburger Zoo untergebracht. Herr Fritz besiegt den Feuerschlucker im Schach. Wie heißt der Löwenbändiger?

(nach: O. Knobel: Fröhlicher Denksport, Frech Verlag, Stuttgart 1968)

Wortzahl:	144
Rechtschreibschwerpunkte:	s-Laute, gleich und ähnlich klingende Konsonanten (g-ch, pf-f-v), Zusammen- und Getrenntschreibung
Interpunktion:	Komma: Aufzählung, Relativsatz
Didaktisch-methodische Hinweise:	1. Spielerische Hinführung zur Methode der Textanalyse (Wir brauchen alle Informationen aus dem Text. Sammelt alle Fakten und ordnet sie den Personen zu. Was erfahren wir über die Personen, die Tiere und den jeweiligen Ort? Stellt alle Informationen grafisch dar. Was können wir hieraus folgern?)
	2. Rechtschreibung: Vergleicht die Schreibweise „dreimal" – das dritte Mal, diesmal, das letzte Mal, erstmals, einmal; soviel ich weiß – so viel du willst. („soviel" als Konjunktion)

nach Johann Peter Hebel

In der Seeschlacht von Trafalgar, während die Kugeln sausten und die Mastbäume der Schiffe krachten, fand ein Matrose noch Zeit, sich da zu kratzen, wo es ihn biss, nämlich auf dem Kopf. Auf einmal streifte er mit zusammengelegtem Daumen und Zeigefinger bedächtig an einem Haar herab und ließ ein armes Tierchen, das er so zum Gefangenen gemacht hatte, auf den Boden fallen. Aber während er sich niederbückte, um es umzubringen, flog eine feindliche Kanonenkugel über seinen Rücken hinweg in das benachbarte Schiff. Hätte er sich nicht heruntergebeugt, wäre er unweigerlich getötet worden. Da ergriff den Matrosen ein Gefühl der Dankbarkeit, dass dieses Tierchen ihn vor dem sicheren Tod bewahrt hatte. Er hob es schonend vom Boden wieder auf, um es sich zurück auf den Kopf zu setzen. „Weil du mir das Leben gerettet hast", sagte er, „aber lass dich nicht zum zweiten Mal fangen, denn ich weiß nicht, ob ich dich von deinen Artgenossen unterscheiden kann."

Wortzahl:	157
Rechtschreibschwerpunkte:	s-Laute, Zusammen- und Getrenntschreibung
Interpunktion:	Komma: erweiterter Infinitiv mit „zu", Konjunktionalsatz
Didaktisch-methodische Hinweise:	1. Welche Rolle spielen hier Zufall oder Schicksal? Hat das „Tierchen" ihm „das Leben gerettet"?
	2. Einordnung in eine UE „Anekdote" oder „Krieg in der Literatur" (vgl. Text 46)
	3. Rechtschreibung: Erarbeitung der Schreibweise von *zweimal, das zweite Mal*, „*zum zweiten Mal*"
	4. Grammatik: Untersuchung des Satzbauplans des ersten Satzes (Bestimmung der Satzteile, Stellung der finiten und infiniten Verbformen)

Der gute Rat eines Narren nach Johannes Pauli

Man zog wieder einmal aus in einen Krieg mit vielen Gewehren, wie es denn so Sitte ist. Da stand ein Narr am Wegrand und fragte: „Was treibt ihr hier?" Die Soldaten antworteten, man ziehe in den Krieg. Der Narr erkundigte sich: „Was tut man im Krieg?"

Er erfuhr, man verbrenne Dörfer und gewinne Städte und verderbe Wein und Korn und schlage einander tot. Der Narr fragte: „Warum geschieht das denn?" Die Soldaten lachten wegen dieser dummen Frage und erwiderten, damit man Frieden mache.

Da sagte der Narr nachdenklich: „Das ist doch seltsam. Man raubt, tötet und zerstört, um Frieden zu machen? Es wäre besser, man machte vorher Frieden, damit solcher Schaden vermieden bliebe. Darum bin ich klüger, als eure Herren sind. Wenn es an mir läge, so wollte ich vor dem Schaden Frieden machen und nicht danach, wenn der Schaden geschehen und bereits alles zu Staub und Asche geworden ist."

Wortzahl:	155
Rechtschreibschwerpunkte:	gleich und ähnlich klingende Konsonanten (g-k, d-t, b-p, v-f), Dehnung/Schärfung
Interpunktion:	wörtliche Rede; Fragezeichen; Komma: Aufzählung
Didaktisch-methodische Hinweise:	1. a) Ist der Narr wirklich dumm? Begründet eure Ansicht.
	b) Welche Wirkung hat dieser Text? Macht er nachdenklich? Regt er zum Lachen an?
	c) Deutet die häufige Verwendung des Pronomens „man".
	2. Einordnung in eine UE „Krieg in der Literatur" (vgl. Text 45)
	3. Grammatik: Erarbeitung und Analyse der Konjunktivformen (Umformung in direkte bzw. indirekte Rede)

Einst war der grausame Wolf König der Tiere. Er verlangte, dass man ihm täglich ein Stück Wild zum Fressen bringe. Eines Tages kam die Reihe auch an einen alten Hasen. Der Unglückliche dachte bei sich: „Soll ich in meinem Alter auf so unwürdige Weise ums Leben kommen? Am besten wäre ja, unverzüglich zu fliehen, aber ich bin nun einmal nicht mehr der Jüngste und schnelles Laufen strengt mich zu sehr an. Ich muss mir etwas Gescheites überlegen!" Nachdenklich hoppelte er davon und gelangte an einen Brunnen. Es herrschte gerade Vollmond, und als der Hase sich zum Verschnaufen auf den Brunnenrand hockte, sah er plötzlich spiegelklar sein eigenes Bild im tiefen Wasser. Sofort vergaß er seinen Kummer, denn er hatte augenblicklich den rettenden Einfall.

Als der Hase dem Wolf ausgeliefert wurde, sprach er mutig zu seinem gefräßigen Gegenüber: „Weißt du, dass ein anderer Wolf in deinem Reich wildert? Ich habe den Eindringling gestern Nacht ganz in der Nähe gesehen." Der Wolf brauste auf: „Das muss mir der Unverschämte büßen!" Er befahl dem Hasen, ihn sogleich zu dem Versteck des fremden Wolfes zu führen, denn der listige Alte hatte nicht vergessen zu sagen, er wisse, wo sich der andere Wolf aufhalte.

So liefen sie zusammen zum Brunnen, und der Hase sagte: „Schau, dort drinnen hält er sich verborgen." Der wütenden Wolf stieg auf den Brunnenrand und erblickte in der Tiefe tatsächlich einen Wolf.

„Ich werde diesen Kerl ...", rief er noch, aber alles Weitere war nicht mehr zu verstehen, denn er stürzte kopfüber hinunter.

Wortzahl:	126 (1. Teil), 128 (2. Teil)
Rechtschreibschwerpunkte:	Groß- und Kleinschreibung, gleich und ähnlich klingende Konsonanten (g-k, f-v), s-Laute
Interpunktion:	wörtlich Rede; Komma: vor „und"
Didaktisch-methodische Hinweise:	1. a) Diktat des ersten Teils, Aufforderung zum Weitererzählen (Wie kann sich der Hase retten?) oder b) Diktat bis zum Schluss: Auf welche Weise hätte sich der Hase auch retten können? 2. Rechtschreibung: Kleinschreibung der Adverbien, die aus Substantiven abgeleitet wurden („spiegelklar", „augenblicklich", „kopfüber"); Schreibung der Zeitangaben („gestern Nacht", nachts, heute Mittag, mittags)

Der törichte Bock

nach Aesop

Ein Fuchs fiel in einen tiefen Brunnen und wusste nicht, wie er wieder herauskommen sollte. Da kam ein durstiger Ziegenbock zum Brunnen, sah den Fuchs und fragte ihn, ob das Wasser gut sei. Der aber verhehlte sein Missgeschick und sagte: „Oh, das Wasser ist ausgezeichnet, klar und wohlschmeckend, komm nur auch herunter!" Da sprang der Bock, ohne sich zu besinnen, hinab.

Als er seinen Durst gelöscht hatte, fragte er den Fuchs: „Wie wollen wir aber wieder herauskommen?" Da sagte der Fuchs: „Oh, das werde ich schon machen. Stelle dich auf deine Hinterbeine, stemme die Vorderbeine gegen die Wand und mache deinen Hals lang. Dann werde ich über deinen Rücken und deine Hörner auf den Rand des Brunnens klettern und auch dir heraushelfen." Der Bock tat, wie ihm empfohlen war, streckte sich aus, und der Fuchs kletterte auf seine Hörner und sprang von dort mit einem gewaltigen Satz in die Freiheit. Am Brunnenrand blieb er noch kurz stehen, tanzte vor Freude und verhöhnte den törichten Bock. [...]

Wortzahl:	168
Rechtschreibschwerpunkte:	Dehnung/Schärfung, gleich und ähnlich klingende Konsonanten (pf-f-v), Zusammen- und Getrenntschreibung
Interpunktion:	wörtlich Rede; Komma: vor „und", Aufzählung
Didaktisch-methodische Hinweise:	1. Formuliert die Lehre dieser Fabel. Sucht ein Sprichwort, das zu dieser Fabel passen könnte.
	2. Wie könnte die Fabel weitergehen?
	3. Kann man diese Lehre auch anders veranschaulichen? Verfasst eine andere Fabel, die die gleiche Lehre hat.
	4. Schreibt die Fabel so um, dass der Fuchs lächerlich gemacht wird.

Die ziemlich intelligente Fliege James Thurber

Eine große Spinne hatte in einem alten Haus ein schönes Netz gewoben, um Fliegen zu fangen. Jedesmal, wenn eine Fliege sich auf dem Netz niederließ und darin hängen blieb, verzehrte die Spinne sie schleunigst, damit andere Fliegen, die vorbeikamen, denken sollten, das Netz sei ein sicherer und gemütlicher Platz. Eines Tages schwirrte eine ziemlich intelligente Fliege so lange um das Netz herum, ohne es zu berühren, dass die Spinne schließlich hervorkroch und sagte: „Komm, ruh dich bei mir ein bisschen aus." Aber die Fliege ließ sich nicht übertölpeln.

„Ich setze mich nur an Stellen, wo ich andere Fliegen sehe", antwortete sie, „und ich sehe bei dir keine anderen Fliegen."

Damit flog sie weiter, bis sie an eine Stelle kam, wo sehr viele Fliegen saßen. Sie wollte sich gerade zu ihnen gesellen, als eine Biene ihr zurief: „Halt, du Idiot, hier ist Fliegenleim. Alle diese Fliegen sitzen rettungslos fest."

„Red keinen Unsinn!", sagte die Fliege. „Sie tanzen doch."

Damit ließ sie sich nieder und blieb auf dem Fliegenleim kleben wie all die anderen Fliegen.

Moral: Der Augenschein kann ebenso trügerisch sein wie die Sicherheit, in der man sich wiegt.

Wortzahl:	192
Rechtschreibschwerpunkte:	s-Laute, Dehnung/Schärfung, Zusammen- und Getrenntschreibung
Interpunktion:	wörtliche Rede; Komma: erweiterter Infinitiv mit „zu", Konjunktionalsatz, Relativsatz
Didaktisch-methodische Hinweise:	1. Diktat ohne „Moral"; Erarbeitung und Erörterung einer selbst gedeuteten Lehre (Formuliert die Moral der Fabel mit eigenen Worten. Kann man diese Moral und das Verhalten der Fliege auf uns übertragen? Sucht Beispiele.)
	2. Rechtschreibung: Vergleich der Sätze „*Die Fliege schwirrte so lange herum, dass die Spinne schließlich hervorkroch.*" – *Solange die Fliege herumschwirrte, wurde sie von der Spinne beobachtet.* Erarbeitung der Regel für die Schreibung von „*solange*"/*so lange, so/oft, so/weit, so/bald* u.a.

50 Der Löwe und die Füchse

James Thurber

Gerade hatte der Löwe dem Schaf, der Ziege und der Kuh auseinander gesetzt, dass der von ihnen erlegte Hirsch einzig und allein ihm gehöre, als drei Füchse erschienen und vor ihn hintraten.

„Ich nehme ein Drittel des Hirsches als Strafgebühr", sagte der erste Fuchs. „Du hast nämlich keinen Jagdschein."

„Und ich", sagte der zweite, „nehme ein Drittel des Hirsches für deine Witwe, denn so steht es im Gesetz."

„Ich habe gar keine Witwe", knurrte der Löwe. „Lassen wir doch die Haarspaltereien", sagte der dritte Fuchs und nahm sich ebenfalls seinen Anteil. „Als Einkommensteuer", erklärte er. „Das schützt mich ein Jahr lang vor Hunger und Not."

„Aber ich bin der König der Tiere", brüllte der Löwe. „Na, dann hast du ja eine Krone und brauchst das Geweih nicht", bekam er zur Antwort, und die drei Füchse nahmen auch noch das Hirschgeweih mit.

Moral: Heutzutage ist es nicht mehr so leicht wie in früheren Zeiten, sich den Löwenanteil zu sichern.

(aus: J. Thurber: 75 Fabeln für Zeitgenossen, Copyright © 1967 by Rowohlt Verlag GmbH, Reinbek)

Wortzahl:	162
Rechtschreibschwerpunkt:	Dehnung/Schärfung
Interpunktion:	wörtlich Rede; Komma: vor „und", Konjunktionalsatz
Didaktisch-methodische Hinweise:	1. Diskutiert die „Moral" dieser Fabel. Passen Fabel und Moral genau zusammen? Erörtert das Verhalten der beteiligten Tiere.
	2. Vergleicht diese Fabel mit der Fabel „Der Löwenanteil" (Text 4).
	3. Grammatik: Umformung der wörtlichen Rede in indirekte Rede (Stellt euch vor, jemand berichtet einem anderen über dieses Gespräch. Was verändert sich?)

51 Das Einhorn im Garten

James Thurber

Es war einmal ein Mann, der saß an einem sonnigen Morgen in der Frühstücksecke, und als er von seinem Rührei aufblickte, sah er im Garten ein weißes Einhorn mit einem goldenen Horn, das in aller Ruhe die Rosen abfraß. Der Mann ging ins Schlafzimmer hinauf und weckte seine friedlich schlummernde Frau mit dem Ruf: „Im Garten ist ein Einhorn und frisst Rosen!"

Sie öffnete die Augen und starrte ihn missmutig an. „Das Einhorn ist ein Fabeltier", murmelte sie und kehrte ihm den Rücken.

Der Mann ging langsam die Treppe hinunter und in den Garten hinaus. Das Einhorn war noch da und knabberte jetzt an den Tulpen. „Hier nimm, Einhorn", sagte der Mann, rupfte eine Lilie ab und gab sie ihm. Das Einhorn fraß sie mit ernster Miene. Freudig bewegt, weil ein Einhorn in seinem Garten war, kehrte der Mann ins Haus zurück und weckte abermals seine Frau. „Das Einhorn hat eine Lilie gefressen", berichtete er.

Die Frau setzte sich im Bett auf und musterte ihn mit kaltem Blick. „Du bist ein Narr", sagte sie, „und ich werde dich ins Narrenhaus stecken lassen." [...]

(aus: J. Thurber: 75 Fabeln für Zeitgenossen, Copyright © 1967 by Rowohlt Verlag GmbH, Reinbek)

Wortzahl:	186
Rechtschreibschwerpunkte:	s-Laute, Dehnung/Schärfung
Interpunktion:	wörtliche Rede; Komma: vor „und", Konjunktionalsatz
Didaktisch-methodische Hinweise:	1. Wie könnte die Geschichte fortgesetzt werden? Verfasst einen Schluss dieser Geschichte. (evtl. Vergleich mit Thurbers Fassung)
	2. Die Geschichte beginnt mit „Es war einmal ...". Was unterscheidet den diktierten Text dennoch von einem Märchen?
	3. Erarbeitung eines Drehbuches auf der Grundlage des eigenen oder des Originaltextes: 1. Schritt: Szenische Gliederung des Textes 2. Schritt: Dramatisierung und Dialogisierung des Textes

Das Märchen vom Meerchen und dem Käfer Heinz Erhardt

Es war einmal ein Meerchen.

Es war kein altes Meerchen. Es gab es erst seit vorgestern. Deshalb schwammen auch noch keine Fische oder Krebse in ihm. Nur ein einsamer Käfer durchfurchte die Wogen – leider unfreiwillig: Er war aus Versehen da hineingeraten. „Nanu? Neulich bin ich noch trockenen Fußes dieses Weges gegangen, und heute zapple ich in einem Ozean? – Ob ich die etwa 7 km (Abkürzung für Käfermeter) bis zum Ufer schaffe?"

Also sprach der Käfer. Er hätte lieber den Mund halten sollen; denn so schluckte er zu viel Wasser. Und da er schließlich kein Wasserkäfer war, verließen ihn die Kräfte – und bald darauf die Sinne ---

Der Regen hatte endlich aufgehört, und die vielen hundert Tröpfchen des Meerchens kletterten an den Sonnenstrahlen empor, um sich zu erwärmen und da oben irgendwo ein kleines Wölkchen zu bilden. Unten aber war von der Pfütze nichts mehr nachgeblieben. Nur ein toter Käfer lag im Sand und streckte alle Sechse von sich ...

Und wenn es vorvorgestern, vorgestern und gestern nicht geregnet hätte, dann lebte er noch heute, morgen und übermorgen.

(aus: Das große Heinz-Erhardt-Buch, © Fackelträger Verlag GmbH, Hannover 1970)

Wortzahl:	182
Vorgabe:	Meerchen
Rechtschreibschwerpunkte:	Zusammen- und Getrenntschreibung, gleich und ähnlich klingende Vokale und Konsonanten (ä-e, f-v-pf, g-k)
Interpunktion:	Komma: vor „und", Aufzählung, Konjunktionalsatz
Didaktisch-methodische Hinweise:	1. Abgrenzung zum Märchen (Erarbeitung der märchenhaften Elemente, der Komik sowie der Verfremdungsstrategien durch eine Untersuchung des Stils)
	2. Rechtschreibung: Groß- und Kleinschreibung der Zeitangaben („gestern" – gestern Abend – am gestrigen Abend – morgen – morgens – jeden Morgen)

Die Freiheit hat zwei Seiten   Gerhard Branstner

Ein Hammel trat vor den Tiger und beschwerte sich darüber, dass es den Wölfen ungestraft erlaubt sei, die Schafe zu fressen.

„Euch soll Gerechtigkeit werden", sprach der Tiger. Und er erließ ein Gesetz, das es den Schafen erlaubte, die Wölfe ungestraft zu fressen.

Da freute sich der Hammel und rief: „Jetzt haben wir den absoluten und wahren Rechtsstaat."

„Das wurde auch Zeit", meinte der Tiger, „die Wölfe haben sich schon lange genug darüber geärgert, dass man ihnen vorwerfen konnte, sie seien vom Gesetz bevorteilt."

(aus: G. Branstner: Der Esel als Amtmann oder Das Tier ist auch nur ein Mensch. Fabeln, Verlag Dietmar Klotz GmbH, Eschborn bei Frankfurt)

Wortzahl:	89
Rechtschreibschwerpunkte:	s-Laute, Dehnung/Schärfung, gleich und ähnlich klingende Konsonanten (f-v)
Interpunktion:	Komma: erweiterter Infinitiv mit „zu", Konjunktionalsatz
Didaktisch-methodische Hinweise:	1. Untersucht die Argumentation und die Pointe dieser Fabel. Welche Auffassung von Gerechtigkeit vertritt der Tiger? Beachtet dabei auch die Überschrift.
	2. Erörterung der Begriffe „Recht", „Gerechtigkeit", „Rechtsstaat", „Gesetz"
	3. Grammatik: Vergleich der direkten mit der indirekten Rede
	4. Rechtschreibung/Grammatik: Abgrenzung und Gegenüberstellung der Konjunktion „dass" von dem Relativpronomen „das" über eine Analyse der syntaktischen Funktion

54   Der Affe als Schiedsrichter

Koreanische Fabel

Ein Hund und ein Fuchs erblickten gleichzeitig eine große Wurst, die offenbar jemand verloren hatte, und nachdem sie eine Weile um die Beute gekämpft hatten, ohne dass einer von ihnen als eindeutiger Sieger aus diesem Kampf hervorgegangen wäre, kamen sie überein, die Sache friedlich zu regeln. Sie beschlossen, zu dem als weise bekannten Affen zu gehen. Dessen Schiedsspruch sollte gelten. Der Affe hörte die beiden Streitenden aufmerksam an, dann fällte er mit gerunzelter Stirn das Urteil: „Die Sachlage ist völlig klar. Jedem von euch gehört genau die halbe Wurst!"

Damit zerbrach der Affe die Wurst und legte die beiden Teile auf eine Waage, um auf diese Weise den Beschluss sofort zu verwirklichen. Das eine Stück war allerdings schwerer. Also biss er hier einen guten Happen ab und aß ihn schnell auf. Wieder wog er die Stücke ab. Da senkte sich die andere Schale; also kürzte er auch diesen Teil. Erneut prüfte er ihr Gleichgewicht, und nun musste die erste Hälfte ihr zweites Opfer bringen.

So mühte sich der Affe weiterhin, jedem zu seinem Recht zu verhelfen. Die Enden wurden immer kleiner, und die Augen von Hund und Fuchs wurden immer größer. Schließlich war der Rest hier und dort verschlungen.

Wortzahl:	202
Rechtschreibschwerpunkte:	s-Laute, Dehnung/Schärfung, gleich und ähnlich klingende Konsonanten (g-k, pf-f-v)
Interpunktion:	Komma: vor „und", erweiterter Infinitiv mit „zu"
Didaktisch-methodische Hinweise:	1. Wie mögen Hund und Fuchs wohl reagiert haben? Setzt die Geschichte fort.
	2. Analyse der Geschichte (Wie verhalten sich Hund und Fuchs? Wie versucht der Affe, den Konflikt zu lösen? Welche Folgerungen muss man aus dem Ende der Geschichte ziehen?)
	3. Interpunktion: Vergleicht die Zeichensetzung der folgenden Sätze: Inwiefern ändert sich der Sinn? *Sie beschlossen, beide zum Affen zu gehen.* *Sie beschlossen beide, zum Affen zu gehen.*

55 **Der kluge Richter** nach Johann Peter Hebel

Ein reicher Mann hatte eine beträchtliche Geldsumme, die in einem Tuch eingenäht war, aus Unvorsichtigkeit verloren. Er machte daher seinen Verlust bekannt und bot, wie man zu tun pflegt, dem ehrlichen Finder eine Belohnung von hundert Talern an.

Bald darauf meldete sich auch der ehrliche Finder, gab ihm das verloren gegangene Geld zurück und wartete auf die versprochene Belohnung.

„So habe ich endlich mein gutes Geld wieder", dachte der reiche Mann, dem die Freude anzumerken war.

Wie es um seine Ehrlichkeit aussah, wird sich bald zeigen. Er zählte das Geld und dachte unterdessen nach, wie er den treuen Finder um seine versprochene Belohnung bringen könnte. „Guter Freund", sprach er, „es waren eigentlich achthundert Taler in dem Tuch eingenäht. Ich finde aber nur siebenhundert. Ihr werdet wohl eine Naht aufgetrennt und Eure hundert Taler Belohnung bereits herausgenommen haben. So sind wir quitt. Ich danke Euch." Der andere aber versicherte, dass er den Beutel so abgeliefert habe, wie er ihn fand. Er müsse also seine Forderungen weiterhin aufrechterhalten.

So wurde der Fall einem Richter vorgetragen. [...]

Wortzahl:	176
Vorgaben:	Eure, Euch (altertümliche Anredeform für Einzelpersonen)
Rechtschreibschwerpunkte:	Dehnung/Schärfung, Zusammen- und Getrenntschreibung, gleich und ähnlich klingende Konsonanten (d-t, pf-f-v)
Interpunktion:	wörtliche Rede; Komma: Konjunktionalsatz, Relativsatz
Didaktisch-methodische Hinweise:	1. Nimmt der Verfasser Stellung? Kann man daraus den Schluss der Anekdote folgern?
	2. Wie wird die Geschichte weitergehen? Verfasst eine Fortsetzung der Geschichte. Begründet und erklärt diese Fortsetzung. (Vergleich Schülertexte – Original mit dem Ziel einer immanenten Analyse der Anekdote und einer Erörterung des sich hier andeutenden Rechtsverständnisses)
	3. Rollenspiel: Führt eine Gerichtsverhandlung durch und entscheidet den Fall.
	4. Rechtschreibung: Vergleicht die Schreibweise von *aufrechterhalten* und *aufrecht halten*.

56 Der listige Knabe

nach Johann Peter Hebel

Ein Gassenjunge bat einen Herrn um einen Kreuzer, und als dieser seiner Bitte kein Gehör schenken wollte, versprach er, ihm für einen Kreuzer zu zeigen, wie man zu Zorn, Schimpf und Händeln kommen könne.

Sicherlich wird mancher, der dies liest, denken, dass ein solches Geschäft keinen Heller, noch weniger einen Kreuzer wert sei, weil Schimpf und Händel etwas Schlimmes und nichts Gutes sind. Aber es ist mehr wert, als man meint. Denn wenn man weiß, wie man Schlimmes erreicht, so weiß man auch, vor was man sich zu hüten hat.

So mag dieser Mann auch gedacht haben, denn er gab dem Knaben den Kreuzer. Allerdings forderte dieser jetzt einen zweiten und, als er den auch erhielt, einen dritten, schließlich einen vierten Kreuzer und endlich den sechsten. Als er aber immer noch nicht das geforderte Kunststück zeigen wollte, ging die Geduld des Mannes zu Ende. Er beschimpfte den Knaben, drohte ihm und wollte ihn sogar verprügeln.

„Halt!", schrie jetzt der Junge. „Habe ich Euch nicht ebendies versprochen? Das sind jetzt Händel, und so kommt man dazu. Jetzt wisst ihr es. Was schlagt ihr mich dafür?"

So unangenehm dem Ehrenmann dieser Vorfall war, so sah er doch ein, dass der listige Knabe Recht hatte und er selbst im Unrecht war. Diese gute Lehre sollte ihm das Geld wohl wert sein.

Wortzahl:	222
Vorgaben:	Kreuzer, Heller, Händel; Euch, Ihr (altertümliche Anredeform für Einzelperson)
Rechtschreibschwerpunkte:	Groß- und Kleinschreibung, s-Laute
Interpunktion:	Komma: Konjunktionalsatz, vor „und"
Didaktisch-methodische Hinweise:	1. Worin besteht die „gute Lehre"? Ist dies wirklich eine gute Lehre? Warum hat der Mann das Geschäft überhaupt abgeschlossen?
	2. Vergleicht diese Geschichte mit dem Text „Der hilflose Knabe" (Text 57). Welche Gemeinsamkeiten und welche Unterschiede lassen sich feststellen?
	3. Rechtschreibung: Vergleicht die Schreibweise von „*Er hatte Recht.*" – *mit Recht, zu Recht – sich recht verhalten – Dies ist ihm das Geld wert. – Ich lege darauf besonderen Wert.*

Der hilflose Knabe   Bertolt Brecht

Herr K. sprach über die Unart, erlittenes Unrecht stillschweigend in sich hin-
einzufressen, und erzählte folgende Geschichte: „Einen vor sich hin weinen-
den Jungen fragte ein Vorübergehender nach dem Grund seines Kummers.
‚Ich hatte zwei Groschen für das Kino beisammen‘, sagte der Knabe, ‚da kam
ein Junge und riß mir einen aus der Hand‘, und er zeigte auf einen Jungen, der
in einiger Entfernung zu sehen war. ‚Hast du denn nicht um Hilfe geschrien?‘
fragte der Mann. ‚Doch‘, sagte der Junge und schluchzte ein wenig stärker.
‚Hat dich niemand gehört?‘ fragte ihn der Mann weiter, ihn liebevoll strei-
chelnd. ‚Nein‘, schluchzte der Junge. ‚Kannst du denn nicht lauter schreien?‘
fragte der Mann. ‚Nein‘, sagte der Junge und blickte ihn mit neuer Hoffnung
an. Denn der Mann lächelte. ‚Dann gib auch den her‘, sagte er, nahm ihm den
letzten Groschen aus der Hand und ging unbekümmert weiter.“

(aus: B. Brecht: Geschichten vom Herrn Keuner, © Suhrkamp Verlag, Frankfurt/M. 1967)

Wortzahl:	146
Rechtschreibschwerpunkt:	Zusammen- und Getrenntschreibung
Interpunktion:	wörtliche Rede; Komma: vor „und“
Didaktisch-methodische Hinweise:	1. Dieser Text wurde aus lizenzrechtlichen Gründen nicht in reformierter Rechtschreibung abgedruckt. Methodisch bietet sich hier eine gemeinsame Umarbeitung an.
	2. vgl. Vorwort (S. 11)
	3. Vergleich mit dem Text „Der listige Knabe“ (Text 56): Deutung der unterschiedlichen Verfasserintention, Vergleich und Beurteilung der unterschiedlichen Verhaltensweisen.
	4. Analyse des ersten Satzes: Welche Funktion soll die folgenden Geschichte haben? Inwiefern kann Brecht von einer „Unart“ sprechen? Welche Bedeutung trägt die Vorsilbe „Un-“?
	5. Grammatik: Erarbeitung des Partizips (Bildung, Funktion, Stil)

58 Der gute Rat
nach Babrios

Zwei Freunde wanderten friedlich miteinander den gleichen Weg. Sie hatten einander versprochen, alle Gefahren gemeinsam zu bestehen und sich immer zu helfen.

Ihre Reise führte sie durch einen tiefen Wald. Plötzlich stand ein Bär vor ihnen. Während sich der Freund zum Kampf bereitmachte, war der andere schon, so schnell er konnte, auf den nächsten Baum geklettert. Als der erste Freund sich so unvermutet allein gelassen fand, nahm er Zuflucht zu einer List: Er warf sich zur Erde nieder und stellte sich tot. Der Bär kam heran und begann ihn von den Fußsohlen bis zu den Ohren zu beschnüffeln. Aber weil der Mann sich nicht rührte und mit aller Kraft seinen Atem unterdrückte, hielt er ihn für tot und trottete davon; denn der Bär, so sagt man, achtet den Tod und rührt einen Toten nicht an.

Als die Gefahr vorüber war, kam der andere von seinem Baum herunter und fragte den Gefährten verlegen, was der Bär ihm ins Ohr geflüstert habe, ehe er sich davonmachte. „Er gab mir den guten Rat", bekam er zur Antwort, „nie wieder jemanden zum Freund zu wählen, der mich in der ersten Not verlässt."

Wortzahl:	192
Rechtschreibschwerpunkte:	s-Laute, Zusammen- und Getrenntschreibung, gleich und ähnlich klingende Konsonanten (d-t, f-v)
Interpunktion:	Komma: Konjunktionalsatz, erweiterter Infinitiv mit „zu"
Didaktisch-methodische Hinweise:	1. Schreibt diese Geschichte aus der Perspektive des geflüchteten Freundes. Welche Veränderungen ergeben sich?
	2. Rechtschreibung:
	a) Erarbeitung der Schreibweise von „tod-" und „tot-" in Wortzusammensetzungen (*tödlich, todunglücklich, todernst, totschlagen, totgeglaubt*)
	b) Vergleich der Schreibweise von *der andere, etwas anderes, der Einzelne, das Folgende, im Allgemeinen, im Voraus, sie wollte etwas ganz Anderes*

59 Seltsamer Spazierritt

nach Johann Peter Hebel

Ein Mann reitet auf seinem Esel nach Hause und lässt seinen Sohn zu Fuß nebenher laufen. Kommt ein Wanderer und sagt: „Das ist nicht recht, Vater, dass Ihr reitet und Euren Sohn laufen lasst; Ihr habt stärkere Glieder." Da stieg der Vater vom Esel herab und ließ den Sohn aufsteigen. Kommt wieder ein Wandersmann und sagt: „Das ist nicht recht, Bursche, dass du reitest und deinen Vater zu Fuß gehen lässt. Du hast jüngere Beine." Da saßen beide auf und ritten eine Strecke. Kommt ein dritter Wandersmann und sagt: „Was ist das für ein Unverstand, zwei Kerle auf einem schwachen Tier? Sollte man nicht einen Stock nehmen und euch beide hinabjagen?" Da stiegen beide ab und gingen alle drei zu Fuß, rechts und links der Vater und der Sohn, den Esel führten sie in der Mitte.

Kommt ein vierter Wandersmann und sagt: „Ihr seid drei kuriose Gesellen. Ist's nicht genug, wenn zwei zu Fuß gehen? Geht's nicht leichter, wenn einer von euch reitet?" Da band der Vater dem Esel die vorderen und hinteren Beine zusammen, zog einen starken Baumpfahl hindurch, der an der Straße stand, und sie trugen den Esel auf der Achsel heim. [...]

Wortzahl:	196
Vorgaben:	Ihr, Euren (altertümliche Anredeform für Einzelperson), kurios; Apostroph (Ist's, geht's)
Rechtschreibschwerpunkte:	s-Laute, Zusammen- und Getrenntschreibung
Interpunktion:	Fragezeichen; Komma: Konjunktionalsatz, vor „und"
Didaktisch-methodische Hinweise:	1. Wieso tragen die beiden am Ende den Esel? Charakterisiert das Verhalten von Vater und Sohn.
	2. Formuliert eine Moral der Geschichte.
	3. Untersuchung der stilistischen Gestaltung der Geschichte (Tempus, Syntax, Wiederholungen)
	4. Rechtschreibung: Vergleich der Schreibweise von *er lässt, er ließ* – *das ist nicht recht* – *ich habe Recht*

60 **Zwei junge Ärzte**   nach Jeremias Gotthelf

Kürzlich erschienen in einer kleinen Stadt zwei junge Ärzte, die wahrscheinlich in einer großen keine Anstellung erhalten hatten, und wollten dort Wunder tun; sie kündigten an, dass sie nicht nur fast jede Krankheit zu heilen im
Stande wären, sondern auch Tote wiederzuerwecken vermöchten. Anfangs
lachten die meisten in der kleinen Stadt darüber; aber die Bestimmtheit, mit
der die beiden Fremden ihre Kunst erläuterten, machte die Leute bald recht
nachdenklich. Als die beiden gar erklärten, sie wären bereit, nach drei Wochen
an einem beliebigen Tag unter Zeugen auf dem Gottesacker irgendeinen Toten,
den man bezeichne, wieder ins Leben zurückzurufen, und als sie sogar anreg-
ten, man möchte sie drei Wochen lang bewachen, so dass eine Täuschung
kaum möglich sein könne, geriet das Städtchen in eine seltsame Aufregung.
Je näher der entscheidende Tag herankam, um so mehr wuchs erst geheim,
dann öffentlich der Glaube, bis endlich nicht einmal mehr die Vernünftigen
ihre Zweifel äußern durften. [...]

Wortzahl:	154
Vorgabe:	Gottesacker
Rechtschreibschwerpunkte:	Zusammen- und Getrenntschreibung, Groß- und Klein-schreibung, gleich und ähnlich klingende Vokale (ä-e)
Interpunktion:	Semikolon; Komma: Relativsatz, Konjunktionalsatz, vor „und"
Didaktisch-methodische Hinweise:	1. Woran mag es liegen, dass diese Leute so bereitwillig den jungen „Ärzten" glauben? Nimmt der Verfasser Stellung? 2. Setzt die Geschichte fort. 3. Grammatik: Untersuchung der Verbformen (Indikativ – Konjunktiv) und der Syntax (Hypotaxe, Komma vor „und")

61 Münchhausen: Der Hirsch mit dem Kirschbaum   nach Gottfried A. Bürger

Als ich einmal all mein Blei verschossen hatte, begegnete mir plötzlich der stattlichste Hirsch von der Welt. Er blickte mir dreist ins Auge, als ob er gewusst hätte, dass mein Gewehr ungeladen war und ich auch keine Kugeln mehr besaß. Augenblicklich lud ich indessen meine Flinte mit Pulver und gab darüber eine ganze Hand voll Kirschkerne, von denen ich, so rasch sich das tun ließ, das Fleisch abgezogen hatte. Ich zielte kurz und schoss ihm die volle Ladung mitten auf die Stirn. Der Schuss betäubte ihn zwar, er taumelte, fiel aber nicht und machte sich schließlich aus dem Staub.

Einige Jahre später war ich in demselben Wald auf der Jagd. Eifrig verfolgte ich eine gute Spur. Tatsächlich entdeckte ich bald einen besonders prächtigen und außergewöhnlichen Hirsch, wie ich noch nie zuvor einen gesehen hatte. Er trug einen ausgewachsenen Kirschbaum zwischen seinem Geweih. Mir fiel sofort mein voriges Abenteuer wieder ein. Diesmal sollte er nicht entkommen. Schnell nahm ich ihn ins Visier und streckte ihn mit einem gelungenen Schuss zu Boden. So kam ich zugleich an einen saftigen Braten und an Kirschen; denn der Baum hing reichlich voller reifer Früchte.

Wortzahl:	194
Vorgabe:	Visier
Rechtschreibschwerpunkte:	s-Laute, gleich und ähnlich klingende Konsonanten (f-v, g-k, b-p, d-t)
Interpunktion:	Komma: Konjunktionalsatz
Didaktisch-methodische Hinweise:	1. Analyse der Gestaltung und der Wirkung einer solchen Lügengeschichte; Abgrenzung von einer Satire oder einem Märchen
	2. Erfinden eigener Lügengeschichten oder Ausgestalten einer Vorlage; Gestaltung eines „Lügenwettbewerbs" (Neben der formalen Gestaltung ist vor allem die Kausalitätsverknüpfung von Realität und Unglaublichem Maßstab einer Bewertung. Es geht also nicht um eine Addition einzelner Übertreibungen.)

62 **Der Jagdhund** nach Alfred E. Brehm

Ein gut geschulter Jagdhund ist nicht nur Gehilfe seines Herrn, manchmal geschieht es auch, dass der Hund den Herrn erzieht.

So kannte ich einen Hühnerhund namens Basko, der wohl mit Recht als der klügste seiner Art betrachtet wurde, wenn es darum ging, seine Jagdkunst unter Beweis zu stellen. Er stand seinem Herrn, einem vorzüglichen Schützen, der gewöhnlich unter zwanzig Schüssen auf fliegendes Wild kaum einen Fehlschuss tat, immer treu zur Seite.

Einst kommt nun der Sohn eines Freundes unseres Weidmannes zu ihm, ein junger Aktenmensch, der die Feder allerdings besser gebrauchen konnte als das Gewehr, und bittet um die Erlaubnis, ein wenig zu jagen. Der Förster gewährt ihm dies mit den Worten: „Gehen Sie, aber schießen Sie gut, sonst nimmt es Basko gewaltig übel."

Die Jagd beginnt; Basko wittert nach kurzer Zeit einige Hühner, steht still und erhält Befehl, sie aufzutreiben. Die Hühner fliegen, der Schuss knallt, aber kein einziges Huhn stürzt herab. Basko sieht sich äußerst verwundert um und zeigt deutlich, dass seine gute Laune verschwunden ist. Er kommt aber noch einmal mit. Wieder findet er einige Hühner, und es geht wie beim ersten Mal. Da dreht der Hund sich um, läuft dicht an den unglücklichen Schützen heran, wirft einen Blick der tiefen Verachtung auf ihn und eilt nach Hause.

Von diesem Tage an lehnte es Basko ab, diesen Jäger je wieder zu begleiten.

Wortzahl:	227
Vorgaben:	Basko, Weidmann
Rechtschreibschwerpunkte:	s-Laute, gleich und ähnlich klingende Konsonanten (g-k-ch, f-v), Groß- und Kleinschreibung
Interpunktion:	Komma: Aufzählung, Relativsatz, erweiterter Infinitiv mit „zu", Apposition, Satzreihe
Didaktisch-methodische Hinweise:	1. Untersucht die Gestaltung dieser Erzählung (Aufbau, Tempuswahl, Satzbau).
	2. Welche Wirkung will der Verfasser mit der Beschreibung der besonderen Fähigkeit dieses Hundes erzielen? (Ebene der Textdeutung; Vergleich dieser Form der Tierbeschreibung mit der in einer Fabel)
	3. Grammatik: Analyse des Satzbaus, Erarbeitung des Satzbauplans und der Zeichensetzung des Satzes *„Einst kommt nun ..."*

63 Das Taschengeld

Karin kehrt mit nachdenklicher Miene von der Schule heim. Ihr ungewöhnlich ernstes und zugleich entschlossen wirkendes Gesicht fällt ihrer Mutter sofort auf. Besorgt fragt sie Karin: „Was ist los? Hast du Ärger? War etwas in der Schule?" „Ich muss heute Abend unbedingt Vati sprechen. Ich sehe das überhaupt nicht ein. Mein Taschengeld reicht nicht mehr aus." „Na hör mal", erwiderte die Mutter erstaunt, „du bekommst doch immerhin zwanzig Mark in der Woche."

„Das ist es ja gerade!", beklagte sich Karin. „Wir haben heute in der Pause darüber gesprochen. Alle in meiner Klasse bekommen viel mehr. Ich mit meinen zwanzig Mark fühle mich direkt zurückgesetzt, wenn ich mir überlege, dass ein Kinobesuch doch allein schon zwölf Mark kostet, und ab und zu möchte ich mir auch einmal etwas Neues kaufen. Und dann sagt ihr noch, dass ich meine Kosmetiksachen selbst bezahlen soll."

Wortzahl:	143
Rechtschreibschwerpunkte:	Dehnung/Schärfung, s-Laute, gleich und ähnlich klingende Konsonanten (g-k)
Interpunktion:	wörtliche Rede
Didaktisch-methodische Hinweise:	1. Rollenspiel: Fortsetzung des Streitgespräches unter Einschluss anderer Personen (Vater, Bruder u.a.m.)
	2. Diskussion: Sachliche Erörterung des Problems, Zusammenstellung aller wichtigen Argumente, Suche nach einer Lösung
	3. Argumentation, Einführung in die Rhetorik: Entwurf einer „taktisch aufgebauten" Rede zum Thema „Taschengeld" nach dem Prinzip des rhetorischen Fünfsatzes

64 Spielen verboten

Daniel und Torsten wollten vorgestern ihren neuen Fußball testen. Sie begannen schnell, auf der Straße ein Feld abzustecken. Doch die Freude dauerte nur kurz! Während sie noch ihre Vorbereitungen trafen, trat nämlich bereits der Nachbar aus der Haustür und rief ärgerlich: „So geht das aber nicht! Das werde ich nicht zulassen! Ihr könnt doch hier nicht Fußball spielen. Stellt euch einmal vor, ihr trefft einen Scheibe. So dumm werdet ihr doch nicht sein."
Daniel und Torsten brummten leise vor sich hin: „Jetzt lässt der uns wieder nicht spielen. Als wenn wir seine Fensterscheibe kaputtmachen! Na, dann gehen wir eben zum Sportplatz. Los, wir wollen die Sachen zusammenpacken. Hoffentlich vertreibt uns dort nicht der Platzwart."

Wortzahl:	117
Rechtschreibschwerpunkte:	Dehnung/Schärfung, Zusammen- und Getrenntschreibung, s-Laute
Interpunktion:	Ausrufezeichen
Didaktisch-methodische Hinweise:	1. Würdet ihr euch auch so verhalten? Welche anderen Formen der Reaktion wären denn noch denkbar? Spielt die Szene.
	2. Diskutiert die Argumente, die für das Verbot und die für den Wunsch der Kinder sprechen. Habt ihr Erfahrungen mit ähnlichen Situationen?
	3. Grammatik: Stellt euch vor, Daniel hätte das Pech gehabt, eine Scheibe zu treffen. Torsten würde verhört, aber auf keinen Fall sagen wollen, wer der Täter war und wie genau die Tat geschehen ist. Erfindet das Gespräch. Wie könnte das Schreiben des Nachbarn an die zuständige Versicherungsgesellschaft aussehen? (Erarbeitung des Passivs über das Moment der „Täterverschweigung")

65 Das wirksame Mittel

Irgendetwas stimmte mit Dieter nicht. Er wirkte ständig nervös, und seine Blicke gingen unruhig hin und her. Das schlimmste war aber das Schnippen mit den Fingern. Wo er ging und stand, immer vollführte er diese Bewegung. Vor allem seine Frau sorgte sich um seine Gesundheit. Nach langem Überreden ging er endlich zum Arzt.

„Wie fühlen Sie sich?", fragte der Arzt freundlich.

„Herrlich!", entgegnete Dieter, ohne das Schnippen zu unterbrechen.

„Ihre Frau scheint davon aber nicht sehr überzeugt zu sein, und ich muss sagen, einiges an Ihrem Verhalten finde ich auch recht merkwürdig."

„Aber was haben Sie denn?", fragte Dieter. „Ich fühle mich blendend."

„Ihr ständiges Schnippen ist aber kein Zeichen guter Nerven."

„Oh, ganz ihm Gegenteil! Was meinen Sie, wie ich aufpassen muss. Und das kann ich nur, wenn ich gute Nerven habe. Sehen Sie, mein Schnippen mit den Fingern ist notwendig, damit wir nicht zerstampft werden."

„Bitte?", fragte der Arzt reichlich irritiert.

„Ja!", fuhr Dieter fort. „Wir würden in Sekunden von vielen Elefanten niedergetrampelt werden."

„Aber hier gibt es doch überhaupt keine Elefanten", sagte der Arzt.

„Eben! Da sehen Sie, wie Schnippen mit den Fingern hilft."

Wortzahl:	190
Rechtschreibschwerpunkte:	Groß- und Kleinschreibung, Zusammen- und Getrenntschreibung, gleich und ähnlich klingende Konsonanten (b-p, d-t, v-f-pf, g-k)
Interpunktion:	wörtliche Rede; Komma: vor „und", Konjunktionalsatz
Didaktisch-methodische Hinweise:	1. Worauf beruht der Witz dieser Geschichte? (Analyse von Aufbau und Pointe des Witzes)
	2. Schreibt selber Witze nach diesem Muster.
	3. Rechtschreibung: Wiederholung der Regel zur Großschreibung von Verben und Adjektiven

Wolfgang Langewiesche

Meine Sprungausrüstung lag noch auf der Werkbank in der Rüstkammer des Flugzeugschuppens. Sie wurde zum letzten Mal sorgfältig überprüft. Dies sollte mein zweiter Absprung sein. Er fiel mir schwerer als der erste.

Die Neugier war gewichen, aber die Angst war geblieben. Würde ich vom Flugzeug freikommen, oder würde ich im Leitwerk hängen bleiben? Würde sich der Fallschirm beim Öffnen an meinen Beinen verfangen oder gar zerreißen? Und wo würde ich landen? Vielleicht auf etwas Spitzem, Scharfem? Auf einer Hochspannungsleitung? Oder gar im Fluss? Dann die größte, wenn auch am wenigsten begründete Sorge: Würde sich der Fallschirm überhaupt öffnen? Und wenn er es nicht täte, wie viel Zeit bliebe dann zum Denken? Und woran dächte ich dann wohl?

(aus: Klaus Barth (Hg.): Jungen-Vorlesebuch, Verlag Langewiesche-Brandt, Ebenhausen 1956)

Wortzahl:	118
Rechtschreibschwerpunkt:	Groß- und Kleinschreibung
Interpunktion:	Fragezeichen
Didaktisch-methodische Hinweise:	1. Verfasst eine Fortsetzung dieser Geschichte, indem ihr eine der genannten Perspektiven wählt: Zuschauer, Reporter, Springer, Pilot. Wodurch unterscheiden sich die jeweiligen Fortsetzungen?
	2. Rechtschreibung: Zusammen- und Getrenntschreibung („zum letzten Mal" – jederzeit, zu jeder Zeit – diesmal, dies eine Mal; freikommen – hängen bleiben")
	3. Reflexion über Sprache: Erörterung der Begriffe „Mut", „Wagemut", „Übermut"
	4. Grammatik: Analyse der „würde"-Fügung (Abgrenzung von Konjunktiv I, Konjunktiv II und der „würde"-Fügung)

nach einer Pressemeldung

Millionen von Franzosen konnten am Sonntagabend im Fernsehen mitverfolgen, wie ein waghalsiger Pilot nur wenige Meter hoch über der Hauptverkehrsstraße von Paris den berühmten Triumphbogen ansteuerte und dann mit seiner Maschine, einem einmotorigen Flugzeug, durch den exakt 14,62 Meter breiten Bogen hindurchflog. Der übermütige Flieger hatte zuvor das französische Fernsehen von seiner Absicht unterrichtet.

Nach diesem Flug muss der 47 Jahre alte Berufspilot allerdings mit dem Entzug seines Pilotenscheins rechnen, da er gegen die geltenden Flugvorschriften verstieß.

Bei der ersten Vernehmung gab der Mann an, dass er mit diesem Streich einen Lebenstraum verwirklichen wollte, den er bereits seit achtzehn Jahren hegte, seitdem er mit dem Fliegen begonnen hatte.

Auf jeden Fall gelang ihm die Sensation – auch ohne Erlaubnis.

Wortzahl:	121
Rechtschreibschwerpunkte:	Dehnung/Schärfung, Zusammen- und Getrenntschreibung, gleich und ähnlich klingende Konsonanten (ph-f-v, g-k, d-t, b-p)
Interpunktion:	Komma: Konjunktionalsatz
Didaktisch-methodische Hinweise:	1. Schreibt eine Reportage. (Übertragung des Ereignisses im Radio)
	2. Verändert diese Reportage so, dass deutlich wird, wie ihr dieses Verhalten bewertet. Mit welchen sprachlichen Mitteln kann man eine solche Bewertung erreichen?
	3. Grammatik/Interpunktion: Erarbeitung von Zeichensetzungsregeln: – Apposition, Relativsatz – Analyse des Satzbauplanes des vorletzten Satzes

„Columbia"   nach einer Pressemeldung

Der amerikanische Weltraumtransporter „Columbia" ist am Donnerstag auf seinen zweiten Flug ins All geschickt worden. Mit dem Unternehmen wurde eine neue Schwelle in der bemannten Raumfahrt überschritten: Zum ersten Mal wurde ein Raumfahrzeug eingesetzt, das die Erde schon einmal umkreist hatte. Ziel der neuen Reise ist es, die Flugtüchtigkeit dieser Raumschiffgeneration ganz praktisch zu beweisen. Während der Raumgleiter beim ersten Flug noch nahezu unbeladen geflogen wurde, sind diesmal elf Tonnen Ladung an Bord. In einem späteren Pendelverkehr zwischen der Erde und dem erdnahen Raum soll das Raumschiff fast dreißig Tonnen Nutzlast tragen. Denkbar wäre es auch, in Zukunft einen Reisedienst für Menschen einzurichten. So könnten wir uns vielleicht in nicht allzu ferner Zeit ins All befördern lassen.

Wortzahl:	118
Vorgabe:	Columbia
Rechtschreibschwerpunkte:	Dehnung/Schärfung, Zusammen- und Getrenntschreibung
Interpunktion:	Komma: erweiterter Infinitiv mit „zu"
Didaktisch-methodische Hinweise:	1. Fortsetzung und Ausgestaltung zu einer Fantasieerzählung (Einordnung in eine UE „Science Fiction")
	2. Übung einer Argumentation zu dem Thema „Sinn und Nutzen der Raumfahrt"
	3. Grammatik: Erarbeitung der Passivstrukturen des Vorgangspassivs und des Zustandspassivs; Umgestaltung des Textes in einen Text mit ausschließlich Aktivformen (Wie wirkt der neu gestaltete Text stilistisch?)

Der Zechpreller von Bangkok, ein bekannter Feinschmecker und regelmäßiger Gast im Stadtgefängnis, hat wieder einmal zugeschlagen.

Nach achtmonatiger Abwesenheit erschien er in einem Nobelrestaurant der Stadt, verzehrte ein reichhaltiges und sehr teures Mahl, lehnte es dann jedoch – wie gewöhnlich – höflich aber bestimmt ab, die recht hohe Rechnung zu begleichen. Anschließend wartete er – auch dies wie immer – in aller Ruhe im Lokal, bis die Polizei erschien, ließ sich abführen und trat seine vierzigste Reise hinter Gitter an.

Insgesamt konnte der Mann bereits in über hundert Gaststätten Bangkoks vorzüglich und unentgeltlich speisen. Obwohl er inzwischen eine gewisse Berühmtheit erlangt hatte, fallen die Ober immer wieder auf den Betrüger herein, jenen wohlhabend wirkenden und würdevoll auftretenden Herrn, der die Ober stets mit derartig feiner Herablassung zu behandeln pflegt, dass sie ihn bedienen, ohne Verdacht zu schöpfen.

Wortzahl:	135
Vorgaben:	Bangkok, Nobelrestaurant
Rechtschreibschwerpunkte:	Zusammen- und Getrenntschreibung, gleich und ähnlich klingende Konsonanten (f-v-pf, d-t-dt), s-Laute
Interpunktion:	Gedankenstrich; Komma: Aufzählung, Konjunktionalsatz, Apposition, erweiterter Infinitiv mit „zu"
Didaktisch-methodische Hinweise:	1. Schreibt eine Erlebniserzählung aus der Sicht des Zechprellers.
	2. Erarbeitung eines Rollenspiels „Zechpreller – Ober" (Dialogisierung, Dramatisierung, Untersuchung des Verhaltens der Person)
	3. Erarbeitung der Möglichkeiten, eine Handlung spannend zu gestalten (Aufbau, Sprachgebrauch) – Warum ist diese Pressemeldung nicht „spannend"? (Stiluntersuchung)
	4. Rechtschreibung: Vergleich der Schreibweise von „unentgeltlich" – unendlich

70 **Ein Genie in Mathematik** nach einer Pressemeldung

Ruth ist erst zehn Jahre alt, und sie hat bisher niemals Schulunterricht miterlebt. Dennoch kann man nicht umhin, die junge Engländerin als ein mathematisches Genie zu bezeichnen, das ohne weiteres die Klügsten dieses Faches übertreffen kann.

Vor kurzem bestand sie mit Glanz eine Prüfung an einer Universität, die normalerweise Achtzehnjährigen abverlangt wird. Die Prüfung sei sehr „lustig" gewesen, erzählte Ruth einem Reporter. Sie sei ihr nicht besonders schwer gefallen.

Nun möchte sie mit ihrer siebenjährigen Schwester, die ebenfalls hoch begabt ist, weiterarbeiten. Ruth plant, mit zwölf Jahren das Studium an der Universität fortzusetzen, um noch vor der Vollendung ihres zwanzigsten Lebensjahres einen Lehrstuhl für Mathematik übernehmen zu können.

Beide Kinder werden übrigens zu Hause von ihren Eltern täglich außer in Mathematik auch in Geographie, Geschichte, Englisch, Kunst und Musik unterrichtet. Zum Spielen bleibt allerdings keine Zeit mehr.

Wortzahl:	140
Vorgabe:	Genie
Rechtschreibschwerpunkte:	Zusammen- und Getrenntschreibung, Groß- und Kleinschreibung
Interpunktion:	Komma: Relativsatz, erweiterter Infinitiv mit „zu".
Didaktisch-methodische Hinweise:	1. Ist es richtig, außergewöhnlich begabte Kinder privat erziehen zu lassen? Berücksichtigt bei der Diskussion den letzten Satz. (Ein solcher Text könnte auch in einer UE „Schule, Schulerfahrung, Leistung" unter der Fragestellung, was Schule überhaupt bewirken soll oder kann, besprochen werden.)
	2. Grammatik: Erklärt die Bildung und die Funktion der Verbform „sei" im 2. Absatz des Textes. (Wiederholung des Konjunktivs in der indirekten Rede)
	3. Rechtschreibung: Wiederholung der Regel zur Zusammen- und Getrenntschreibung („hoch begabt" – „schwer gefallen" – „weiterarbeiten")

nach einer Pressemeldung

Stürmisches Wetter behinderte zwar die Bergungsaktion in der Barentssee, bei der Taucher Jagd auf das berühmte Gold aus dem Wrack des 1942 gesunkenen britischen Kreuzers „Edingburgh" machten. Doch es darf jetzt schon als sicher gelten, dass die Taucher als die erfolgreichsten Schatzsucher aller Zeiten in die Geschichte eingehen werden. Während ihrer Tätigkeit konnten sie aus dem ehemaligen Kriegsschiff bisher über dreihundert Goldbarren im Wert von etwa einhundertvierunddreißig Millionen Mark erbeuten. Insgesamt warten noch mehr als vierhundertundfünfzig Barren auf ihre Bergung aus über zweihundert Metern Tiefe.

Ob dies allerdings weiterhin so zügig gelingen wird, ist fraglich. Das Wetter hat sich so verschlechtert, dass das Bergungsschiff seine feste Position über dem Wrack vorübergehend verlassen musste. Die Taucher, die sich unter einer Taucherglocke mit Schneidgeräten in das Innere des Wracks vorarbeiten müssen, werden so lange pausieren.

Der Kreuzer befand sich seinerzeit mit der wertvollen Fracht auf dem Weg von Russland nach Amerika, als er von der deutschen Marine versenkt wurde. Das gesamte Gold ist jetzt zu einem Drittel Russland und England zugesprochen worden. Das verbleibende Drittel erhält die Bergungsfirma.

Wortzahl:	180
Vorgaben:	Barentssee, Edinburgh
Rechtschreibschwerpunkte:	Zusammen- und Getrenntschreibung, gleich und ähnlich klingende Konsonanten und Vokale (g-k-ch, e-ä), s-Laute
Interpunktion:	Komma: Konjunktionalsatz
Didaktisch-methodische Hinweise:	1. Analyse des Berichts (stilistische Merkmale, Aufbau)
	2. Umgestaltung des Berichts in eine Erzählung aus der Sicht eines Tauchers (Vergleich beider Textsorten)
	3. Rechtschreibung: Groß- und Kleinschreibung von Zahlwörtern (Vergleicht die Schreibweise von *einige tausend Zuschauer, die ersten Tausend verließen das Stadion, er kam als Dritter ins Ziel, in unserer Klasse sind an die dreißig, er hat in Mathematik ein Zwei geschrieben.*)

Ein Leserbrief zum Thema „Einkaufszeiten"

Als berufstätige Hausfrau muss ich endlich einmal meinem Ärger darüber Luft machen, wie rücksichtslos manche Zeitgenossen sind.

Kann mir jemand erklären, weshalb Rentner, ältere Hausfrauen, jüngere Hausfrauen mit Kleinkindern – also Personen, die den Zeitpunkt ihres Einkaufs selbst bestimmen können – die Geschäfte oft noch kurz vor Ladenschluss stürmen müssen?

Ich habe wochentags jeweils nur eine Stunde Zeit, das Notwendige für mich einzukaufen. Gerade diese Feierabendzeit sollte doch zum Einkaufen für die Berufstätigen reserviert bleiben.

Ich weiß nicht, warum so viel über ein Ladenschlussgesetz diskutiert wird, ohne dass die Verantwortlichen zu einem überzeugenden Ergebnis kommen. Es wäre doch das Beste, wenn sich alle bei der Wahl ihrer Einkaufzeit weniger gedankenlos verhielten. So könnte man ohne weiteres das Problem angemessen lösen.

Wortzahl:	123
Rechtschreibschwerpunkte:	s-Laute, Groß- und Kleinschreibung
Interpunktion:	Komma: Konjunktionalsatz, indirekter Fragesatz
Didaktisch-methodische Hinweise:	1. Sollte man alle Geschäfte – wie in manchen anderen Ländern auch – bis abends 22 Uhr geöffnet halten? (Übung Argumentation)
	2. Verfasst einen Leserbrief oder einen schriftlichen Argumentationsbeitrag, in dem ihr eure Haltung (Pro *oder* Kontra verlängerte Ladenschlusszeiten) argumentativ überzeugend darlegt.
	3. Grammatik: Analyse der Verbform *verhielten*

73 Mit einem Süßstoff lassen sich täglich viele Kalorien sparen   Werbetext

Viele Übergewichtige essen nicht nur zu reichlich, sie essen auch häufig das Falsche. Ungesund ist ihre Ernährung außerdem oftmals, weil ihre Essgewohnheiten nicht auf die Bedürfnisse des menschlichen Organismus abgestimmt sind. Aus medizinischer Sicht sollte man beispielsweise besser fünf kleinere Mahlzeiten pro Tag zu sich nehmen als drei große. Also: Essen Sie öfter, aber essen Sie weniger und meiden Sie Zucker und Fette! Denn Zucker und Fette tragen dazu bei, dass Sie plötzlich überflüssige Pfunde haben.

Unser Süßstoff süßt mit reiner, feiner Süße, aber ohne Kalorien. Unser Süßstoff macht nicht dick. Sie werden wieder schlank und fühlen sich wohler in Ihrer Haut. Es ist so einfach: Schon beim Süßen von Kaffee oder Tee können Sie täglich viele Kalorien sparen. Immer mehr gesundheitsbewusste Leute süßen deshalb mit unserem Süßstoff. Süßen Sie mit!

Wortzahl:	140
Rechtschreibschwerpunkte:	Groß- und Kleinschreibung, s-Laute, Dehnung/Schärfung
Interpunktion:	Komma: Satzreihe, Konjunktionalsatz
Didaktisch-methodische Hinweise:	1. An welchen Textstellen könnt ihr erkennen, dass es sich um einen Werbetext handelt? Untersucht Art und Wirkung der verwendeten sprachlichen Mittel. Arbeitet auch den Aufbau des Textes heraus und erläutert seine Werbestrategie.
	2. Wählt einen beliebigen Gegenstand und erarbeitet in Gruppen eine möglichst überzeugende Werbeanzeige (Text oder Text-Bild-Kombination) für diesen Gegenstand. – Verfremdet anschließend diese Werbung so, dass sie zum Lachen reizt. Mit welchen Mitteln habt ihr diese Verfremdung erreicht?

„Das Geschenk der Erde" – Eine Buchempfehlung

Menschliches Leben ist ohne Salz undenkbar. Daher ist es nicht überraschend, dass das Salz überall in der Kulturgeschichte seine Spuren hinterlassen hat. Das Salz war heilige Opfergabe wie Zahlungsmittel, Salzstraßen durchzogen einst die Kontinente, und mehrere Städte sind nach ihm benannt worden.

Das einfache Salz diente aber nicht nur zum Würzen der Speisen, sondern es ist heutzutage einer der wichtigsten Rohstoffe der Chemie. Salz liefert das für die Produktion von Aluminium notwendige Chlor und ist ebenso für die Herstellung vieler Kunststoffe unentbehrlich.

All das, was mit dem Salz zu tun hat, haben die Verfasser in dem vorliegenden Band ausführlich und gut lesbar zusammengetragen. So vermittelt dieses sorgfältig illustrierte Werk, das zum hundertjährigen Jubiläum eines bedeutenden Chemiewerkes erschienen ist, vom Bergbau bis zur Arzneimittelproduktion einen eindrucksvollen Überblick über diesen Kristall.

Wortzahl:	135
Vorgaben:	Aluminium, Chlor
Rechtschreibschwerpunkte:	Dehnung/Schärfung, Zusammen- und Getrenntschreibung, gleich und ähnlich klingende Konsonanten (g-k-ch, d-t-dt, v-f-pf)
Interpunktion:	Komma: Relativsatz, Konjunktionalsatz
Didaktisch-methodische Hinweise:	1. Erarbeitung und Analyse eines Buchberichtes (Verfasst einen Buchbericht über ein Buch eurer eigenen Wahl. Was muss dieser Bericht leisten? Wie sollte er angelegt sein? Was muss alles in ihm enthalten sein? Was unterscheidet eine Buchempfehlung von einem Buchbericht?)
	2. Übung und Erarbeitung der Zusammenfassung und thesenartigen Wiedergabe von Sachtexten (ausgehend von einem Buchbericht)
	3. Grammatik/Reflexion über Sprache: Abgrenzung des Relativsatzes („das") vom Konjunktionalsatz („dass") über eine Analyse der grammatikalischen Funktion des Gliedsatzes

75 Der Smutje

Moderne Schiffe mit ihren immer kleiner werdenden Besatzungen könnten auf den Smutje, den Schiffskoch, eigentlich verzichten. Es gibt doch Gefrierschränke, attraktive Fertiggerichte und einfache Grillöfen sowie andere Vorrichtungen zum Wärmen von Fertiggerichten. Jeder an Bord könnte sich nach Appetit und Laune selbst bedienen. Für die Verpflegung der Mannschaft wäre gesorgt, jeder zufrieden gestellt und außerdem ein Arbeitsplatz eingespart worden.

Ohne Smutje auszulaufen wäre aber ein großer Fehler, sagen einhellig alle Experten, die sich mit dem Aufgabenbereich des Smutjes befassen mussten. Der Koch brutzelt nämlich nicht nur die Mahlzeiten, sondern ist zugleich eine wichtige Vertrauensperson an Bord. Seine Kombüse ist Treffpunkt für alle. Hier findet sich ein, wer etwas Bedrückendes loswerden möchte, wer nur meckern oder wer sich einfach unterhalten will. Der Smutje spricht mit allen, er kann ihnen zuhören und ihre Sorgen verstehen. So ist er viel mehr als ein Koch: Er ist die Seele des Schiffes.

Wortzahl:	149
Vorgaben:	Smutje, Kombüse
Rechtschreibschwerpunkte:	Zusammen- und Getrenntschreibung, Dehnung/Schärfung
Interpunktion:	Komma: Aufzählung, Satzreihe
Didaktisch-methodische Hinweise:	1. Bietet der Text ein Berufsbild des Schiffskochs? Stellt allgemein die Anforderungen zusammen, denen ein Berufsbild genügen muss.
	2. „Was möchte ich einmal werden? Wie möchte ich einmal sein?" Verfasst einen Aufsatz mit dem Ziel, euch und eure Wünsche vorzustellen.
	3. Welche Berufe sind heute ausgestorben, welche neu hinzugekommen? Was kann man daraus für das Verhältnis von Arbeit und Beruf schließen? (Einordnung in eine UE „Arbeit und Beruf")

76 Robinson richtet sich ein

nach Daniel Defoe

Ich begann zu überlegen, wie ich das Feuer anlegen müsste, um Töpfe darin zu brennen. Allerdings verstand ich mich nicht auf Brennöfen, in denen die Töpfer ihre Waren brennen, noch aufs Glasieren, obwohl ich Blei dazu gehabt hätte. Ich stellte jedenfalls drei große Näpfe und zwei oder drei Töpfe säulenartig übereinander, legte rundherum Brennholz und darunter viel heiße Asche, nährte das Feuer mit frischem Brennstoff von außen und von oben so lange, bis ich sah, dass die Töpfe feuerrot glühten, aber nicht zersprangen. Nachdem ich sie so deutlich rot gesehen hatte, ließ ich sie weitere fünf bis sechs Stunden in der Hitze stehen, bis ich merkte, dass einer davon zwar keine Sprünge bekam, aber doch zerfloss, denn der mit dem Lehm vermischte Sand schmolz in der großen Hitze und wäre zu Glas zerronnen, wenn ich noch weiter geheizt hätte. Also verminderte ich das Feuer nach und nach, bis die Töpfe ihre Röte langsam verloren, und hatte am Ende, nachdem das Feuer erkaltet war, drei sehr gute Schalen und zwei harte Töpfe, von denen einer sogar noch durch den geschmolzenen Sand glasiert war.

Wortzahl:	186
Rechtschreibschwerpunkte:	Zusammen- und Getrenntschreibung, Dehnung/Schärfung, s-Laute
Interpunktion:	Komma: Konjunktionalsatz
Didaktisch-methodische Hinweise:	1. Untersucht das Verhalten Robinsons. (Wie verhält er sich? Welche Eigenschaften besitzt er? Warum will er Töpfe „brennen"?) Einordnung in eine Gesamtbetrachtung des Romans (Wie richtet sich Robinson auf der Insel ein?)
	2. Überprüft diese Vorgangsbeschreibung inhaltlich und methodisch.
	3. Verfasst ähnliche Vorgangsbeschreibungen.
	4. Rechtschreibung: Untersucht „ihre Röte", „Ich hatte sie rot gesehen", die Ampel zeigt Rot.

Schattenseiten des Fortschritts

Dass die Entwicklung von Industrie und Wohlstand auch Probleme mit sich bringt, müsste heute eigentlich jeder wissen. Begriffe wie „Umweltbelastung" und „Umweltschutz" sind den meisten Menschen geläufig. Dennoch bleibt der Eindruck, dass viele das Übel vorwiegend bei anderen suchen oder umweltbewusstes Verhalten erst dort beginnt, wo die eigenen Interessen aufhören.

Liegt dies an der Böswilligkeit der einzelnen Menschen? Welche Hindernisse zu überwinden sind, mag eine kleine Anekdote veranschaulichen:

Ein Nachbar verbrennt Müll in seinem Garten. Sorgfältig hat er alle Abfälle zusammengetragen, aufgeschichtet, die Windrichtung geprüft, um sicherzustellen, dass sein Haus nicht eingenebelt werden kann, endlich den großen Berg Unrat angezündet. Zufrieden schaut er den aufsteigenden Rauchschwaden nach. Was geschieht? Wenige Meter weiter senkt sich der Rauch, verpestet die Luft, verschmiert Fenster und Türen. Asche fällt auf den liebevoll gedeckten Verandatisch. Die Verärgerung ist groß. Doch sagt man dem Nachbarn, er möge gefälligst seinen Müll der nächsten Müllabfuhr mitgeben? – Wohl kaum! Man ist doch schließlich Nachbar. Und – macht man es nicht genauso?

Wortzahl:	164
Rechtschreibschwerpunkte:	s-Laute, gleich und ähnlich klingende Konsonanten und Vokale (f-v-w, g-k, d-t; ä-e), Zusammen- und Getrenntschreibung
Interpunktion:	Komma: Konjunktionalsatz, Aufzählung
Didaktisch-methodische Hinweise:	1. Was will der Verfasser mit dieser „Anekdote" verdeutlichen? Ist dies überhaupt eine Anekdote?
	2. Könnt ihr der Hauptthese zustimmen? Welche Folgerungen müssten wir aus dieser These ziehen?
	3. Grammatik: Gebrauch des Konjunktivs in der indirekten Rede („*er möge gefälligst*")
	4. Rechtschreibung: Vergleicht *Sie konnte hier sicher (sicherer) gehen. – Er wollte sicherstellen, dass dies auch geschieht.*

Der Rat der Korsen

In fröhlicher Runde erzählte ein französischer Ingenieur von einer Begegnung, die er vor etlichen Jahren mit einem alten Korsen hatte: „Das Straßennetz Korsikas sollte ausgebaut werden, und ich war als verantwortlicher Leiter einer Baukolonne auf der Insel tätig. Wir waren gerade damit beschäftigt, das Gelände zu vermessen, als ein alter Einheimischer auf uns zutrat.

‚He', rief er, ‚dreht ihr einen Film?'

‚Nein', entgegnete ich, ‚wo denken Sie hin?'

Meine Männer setzten ihre Arbeit an den Messgeräten fort, und auch ich wollte mich von dem Alten abwenden.

‚Dann seid ihr vom Fernsehen?', kam jedoch die nächste Frage. Meine Leute grinsten.

‚Unsinn', erwiderte ich, schon ein wenig ärgerlich.

‚Warum schaut ihr dann durch das Fernrohr?'

‚Wir bauen eine Straße', belehrte ich den hartnäckigen Frager. Der alte Korse sah mich verwundert an: ‚Eine Straße wollt ihr bauen? Seltsam, bei uns macht man das anders.'

‚Nämlich wie?'

‚Man lässt einen alten Esel laufen, wohin er will. Seinen Weg bauen wir anschließend einfach aus.'

‚Und wenn man keinen Esel hat?', erkundigte ich mich belustigt.

Die Antwort erfolgte prompt: ‚Nun, dann nehmen wir halt einen Ingenieur.'"

Wortzahl:	184
Vorgabe:	Ingenieur
Rechtschreibschwerpunkte:	Dehnung/Schärfung, gleich und ähnlich klingenden Vokale und Konsonanten (ä-e; f-v, d-t, g-k), s-Laute
Interpunktion:	wörtliche Rede; Komma: vor „und"
Didaktisch-methodische Hinweise:	1. Worin liegt der „Witz" dieser Geschichte? Welche Wirkung entsteht durch die Zuordnung „Esel" – „Ingenieur"?
	2. Analyse und Erörterung der impliziten „Moral"
	3. Einordnung in eine UE „Witz – Anekdote" oder „Arbeit – Fortschritt"; Vergleich mit dem Text „Anekdote zur Senkung der Arbeitsmoral" (Heinrich Böll)

Europas Küsten sind bedroht!

Bislang schien es, als kämpften die norddeutschen, holländischen und französischen Küstenbewohner ausschließlich gegen die natürliche Bedrohung durch Wind, Wellen, Frost, Strömungen und Gezeiten. Doch heute ist nicht mehr der Sturm der Hauptfeind der europäischen Küste. Viel folgenreicher als eine Sturmflut ist die schleichende Gefährdung durch unsere Zivilisation. Die Senkung des Grundwasserspiegels durch unsere großen Wasserwerke lässt viele Landstriche allmählich vertrocknen oder versalzen, indem Meeressalzwasser unterirdisch eindringt. Der Bau riesiger Ferienzentren führt zusätzlich zu einer Zerstörung der natürlichen Vegetation der Küstenlandschaft und zu einer Belastung des Wasserhaushaltes. Neue Wohngebiete entstehen, Schnellstraßen werden gebaut und Industrieanlagen errichtet, oder eine intensive landwirtschaftliche Nutzung greift in die Pflanzenwelt ein. Bäume und Büsche werden gefällt, Waldgebiete gerodet, Grasnarben zerstört, Sand und Geröll werden abgetragen und als Baumaterial benutzt. So verliert die Küste nicht nur langsam, aber stetig ihren landschaftlichen Reiz, sondern ist auch der Erosion schutzlos ausgeliefert. In manchen Küstenregionen des Atlantiks, der Nordsee und der Irischen See und auf vielen Inseln Europas ist der jährliche Verlust an Land erschreckend groß. Wirksame Hilfe ist dringend nötig!

Wortzahl:	175
Vorgabe:	Erosion
Rechtschreibschwerpunkte:	Dehnung/Schärfung, Fremdwörter, gleich und ähnlich klingende Konsonanten und Vokale (f-pf-v-w, d-t, g-k; ä-e)
Interpunktion:	Komma: Aufzählung, Satzreihe, Konjunktionalsatz
Didaktisch-methodische Hinweise:	1. Wiedergabe eines expositorischen Textes (Wovon geht der Verfasser aus? Welche These vertritt er? Welche Argumente werden angeführt?)
	2. Sammelt Informationen zum Thema „Umweltschutz" (Songs, Zeitungsausschnitte, Lexikon- und Sachbuchartikel). Verfasst eine Reportage, ein Interview oder ein Referat zu diesem Thema.
	3. Rechtschreibung: Groß- und Kleinschreibung von geographischen Namen (Vergleicht: „die europäische Küste", chinesische Seide, die holländische Stadt, das Ulmer Münster, das Rote Meer, „die Irische See", der Atlantische Ozean.)

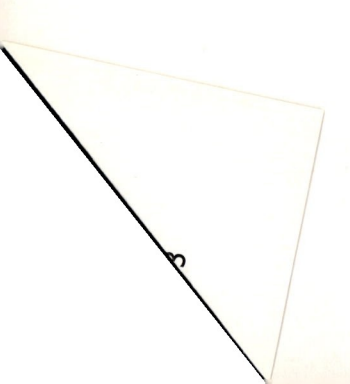

Wirbelstürme

Die gefürchteten tropischen Wirbelstürme entwickeln sich über dem Meer; beim Übertritt auf das Festland verlieren sie spätestens nach anderthalb Tagen ihre Kraft.

Voraussetzung für die Entstehung eines Wirbelsturmes ist eine mindestens 27 Grad Celsius warme Wasseroberfläche, wie sie nur in den Tropen vorkommt. Das von der Sonne aufgeheizte Meerwasser verdunstet; die gewaltige Energiezufuhr verwandelt es in gasförmigen Wasserdampf, der schnell nach oben steigt. Dort, in kühleren Luftregionen, bilden sich Wolken, und die ersten Gewitterschauer gehen nieder. Herrscht extremes Luftdruckgefälle, wird immer mehr feuchtwarme Luft von unten angesaugt. Die Erddrehung lässt die riesigen Wolkentürme in Bewegung geraten. Mächtige Wirbel entstehen, die zu dem verheerenden Sturm anwachsen.

Wirbelstürme verwüsten, begleitet von schweren Regengüssen, oft auch Gebiete weit außerhalb der Tropen. So bilden sich pro Jahr etwa acht Hurrikans über dem Atlantik, von denen schließlich zwei oder drei den nordamerikanischen Kontinent heimsuchen.

Nicht nur Schifffahrt und Flugverkehr werden durch die Wirbelstürme gefährdet, sie verursachen auch große Schäden in den Küstenländern Asiens und Amerikas. Schlimmer als der Sturm selbst wirkt dabei die durch ihn ausgelöste Flutwelle: Sie überschwemmt ganze Städte, reißt unzählige Menschen in den Tod und macht Hunderttausende obdachlos.

Wortzahl:	187
Vorgaben:	Celsius, Hurrikan
Rechtschreibschwerpunkte:	Dehnung/Schärfung, Zusammen- und Getrenntschreibung
Interpunktion:	Semikolon; Komma: Satzreihe, Relativsatz
Didaktisch-methodische Hinweise:	1. Schlagt in einem Lexikon unter den Stichwörtern „Wirbelsturm, Hurrikan, Taifun" nach. Nennt sprachliche und inhaltliche Unterschiede zwischen Lexikonartikel und diktiertem Sachtext.
	2. Rechtschreibung: Erarbeitung der Groß- und Kleinschreibung von Zahlenangaben („*Hunderttausende*", aber: *hunderttausend Menschen*) Vergleicht die Schreibweise von „*er reißt sie in den Tod*", *er reist in den Urlaub*.

Füchse erobern die britischen Städte

Bei uns wird der Fuchs seit langem intensiv gejagt, da er für die Übertragung der Tollwut verantwortlich gemacht wird. Obwohl er ziemlich schlau und gerissen ist, gelingt es ihm immer seltener, seinen Jägern zu entkommen. Vergleichsweise vorzüglich leben dagegen die Füchse in Großbritannien. Woran mag das liegen?

Sein Schicksal verdankt der britische Fuchs zum einen der Insellage und zum anderen – so eigenartig das klingt – dem Zoll. Der Ärmelkanal und die strengen Einfuhrbestimmungen für Tiere haben bisher die Tollwut von der Insel ferngehalten, so dass der Fuchs nicht in dem Maße verfolgt wird wie auf dem Kontinent.

Diesen Vorteil wusste das Raubtier geschickt zu nutzen: Der Fuchs wechselte, auf der Flucht von der alljährlich stattfindenden Jagd auf dem Lande, in dichter besiedelte Gegenden. Vor allem nach Einbruch der kalten Jahreszeit zieht es die Füchse neuerdings bis in die größeren Städte, wo sie in verlassenen Gebäuden Unterschlupf suchen. Stadtfüchse wachsen heute sogar in Bahnhöfen auf. Nachts und gelegentlich auch tagsüber streifen sie in verwilderten Gärten und auf Müllkippen umher. Dort ernähren sie sich von Ungeziefer und Abfall. Ihre ständig zunehmende Zahl zeigt, dass sie sich hervorragend an ihre neue Umgebung anpassen konnten.

Wortzahl:	195
Rechtschreibschwerpunkte:	gleich und ähnlich klingende Konsonanten (g-ch-k, d-t-dt, v-w-f), s-Laute, Zusammen- und Getrenntschreibung
Interpunktion:	Komma: Konjunktionalsatz
Didaktisch-methodische Hinweise:	1. Übung einer Sachtextwiedergabe (Welche These wird vertreten, wie wird sie begründet?)
	2. Welche Eigenschaften werden dem Fuchs hier zugeschrieben? Wie wird demgegenüber der Fuchs in Fabeln oder Märchen charakterisiert? Gibt es Gemeinsamkeiten? (Analyse der Verfasserintention)
	3. Interpunktion: Wiederholung der Regel zur Kommasetzung beim erweiterten Infinitiv mit „zu" (Vergleich: *Der Fuchs versucht jeden Tag aufs Neue, seinen Jägern zu entkommen. – Der Fuchs hofft, jeden Tag aufs Neue seinen Jägern zu entkommen.*)

Die findigen Detektive der Post

Auch die Post braucht Detektive, allerdings nicht, um Verbrecher zu verfolgen und Morde aufzuklären. Vielmehr wird sie durch unsere Vergesslichkeit gezwungen, kriminalistischen Spürsinn walten zu lassen. Viele Menschen werfen nämlich ihre Briefe mit ungenauen Adressen, ohne Absenderangaben oder sogar ohne jegliche Anschrift in den heimatlichen Briefkasten und vertrauen darauf, dass es findigen Postangestellten gelingt, die Adresse zu entschlüsseln. Die unzustellbaren Sendungen werden an eine zentrale Briefermittlungsstelle geschickt, wo Mitarbeiter mit Geduld und Fantasie versuchen, die Irrläufer noch an den Mann oder die Frau zu bringen.

Mit amtlicher Erlaubnis dürfen sie Briefe oder Pakete öffnen, um aus dem Inhalt doch noch den Absender oder den Empfänger ermitteln zu können. Dabei gehen sie tatsächlich häufig wie Detektive vor. Bilder, indirekte Hinweise oder Bemerkungen lassen manchmal den Bestimmungsort oder zumindest den Bezirk erkennen. Dort kann dann vielleicht die örtliche Post weiterhelfen.

Falls alle Bemühungen nicht weiterführen, müssen die Postsendungen nach einer festgelegten Zeit einschließlich des gesamten Inhalts unwiderruflich vernichtet werden. Das sind immerhin in jedem Jahr etwa 300 000 Briefe.

Wortzahl:	172
Rechtschreibschwerpunkte:	Dehnung/Schärfung, Zusammen- und Getrenntschreibung, gleich und ähnlich klingenden Konsonanten (pf-f- v-w, d-t, g-k)
Interpunktion:	Komma: erweiterter Infinitiv mit „zu", Konjunktionalsatz, Aufzählung
Didaktisch-methodische Hinweise:	1. Welche Vorstellungen habt ihr vom Arbeitsalltag eines Detektivs? Wie könnt ihr prüfen, ob sie der Realität entsprechen?
	2. Spielmöglichkeiten:
	a) Erfinden einer Geheimsprache, Versuch einer Entschlüsselung
	b) Erraten von Begriffen oder Gegenständen (Welche Information brauche ich mindestens, um eine gesuchte Lösung herauszufinden?)
	3. Rechtschreibung: Vergleicht *Das Spiel kann weitergehen. – Ich kann weiter gehen als du.*

83 Die Lehre vom bekömmlichen Essen

Das beste Essen kann zu Magenbeschwerden führen und sogar Übelkeit verursachen, wenn es in gespannter Atmosphäre eingenommen wird. Wer zum Beispiel zum Essen zugleich deftige Streitfragen auftischt, hat die Suppe schon versalzen. Der psychische Einfluss auf die Verwertung und Verarbeitung der Nahrungsmittel spielt eine entscheidende Rolle. Wir essen nicht nur mit dem Magen. Auf der anderen Seite darf die Wirkung eines guten Mahles auf die seelische Verfassung eines Menschen nicht unterschätzt werden. Wohl kaum ein Mensch hat sich unglücklich gefühlt, weil ihm beim Anblick delikat servierter Speisen in freundlicher Umgebung das Wasser im Mund zusammenlief. Das erklärt zum Beispiel, warum Politiker und Wirtschaftsführer so gern Arbeitsessen veranstalten; denn beinahe spielerisch lässt sich manches Problem lösen, wenn in gelöster Stimmung diskutiert wird, weil dann die Verständigungs- und Kompromissbereitschaft besonders groß ist. Vielleicht liegt das Geheimnis manchen Geschäftserfolgs, so seltsam das auch klingt, in den Zutaten.

Wortzahl:	150
Vorgaben:	psychisch, Atmosphäre
Rechtschreibschwerpunkte:	s-Laute, Dehnung/Schärfung, gleich und ähnlich klingende Konsonanten (v-f-ph-w)
Interpunktion:	Komma: Konjunktionalsatz
Didaktisch-methodische Hinweise:	1. Untersuchung der Textsorte (Handelt es sich um eine Werbung, einen Sachtext, eine Satire ...? Welche Merkmale kennzeichnen die jeweilige Textsorte? Wie könnte man diesen Text bezeichnen?)
	2. Verfasst eine Satire zum Thema „Essen". Überlegt vorher, was ihr kritisieren wollt. Welche Mittel sind besonders wirksam?

Die Entstehung der Menschen

Um den Menschen hervorzubringen, hat die Natur mehr als drei Milliarden Jahre gebraucht. Niemand kann sich eine so gewaltige Zeitspanne vorstellen. Ein deutscher Wissenschaftler hat daher einen Vergleich angestellt: Man denke sich die fünf Milliarden Jahre – so lange gibt es vermutlich das Weltall – als ein Kalenderjahr. Dann entsteht im Februar aus einer kosmischen Staubwolke die Erde: ein glühender Ball, der sich um sich selbst dreht, dessen Oberfläche aber allmählich erkaltet: Im April bilden sich die Erdkrusten und die Meere. Im Juni entsteht das Leben. Ende November erobern die Pflanzen das trockene Land. Anfang Dezember folgen ihnen die ersten Tiere. Weihnachten sterben die Riesensaurier aus, nachdem sie eine Woche lang über die Erde geherrscht haben. Innerhalb eines einzigen Tages entwickeln sich die Vögel und die Säugetiere. Dann, am 31. Dezember gegen 22 Uhr, taucht der Mensch auf. Der Neandertaler lebt zehn Minuten vor Mitternacht. Die heutigen Menschenrassen gibt es aber erst seit fünf Minuten; und was wir Geschichte nennen, das alles geschieht während der letzten 30 Sekunden des Jahres.

(aus: Was ist was, Band 50, Tessloff Verlag, Nürnberg)

Wortzahl:	172
Vorgabe:	kosmisch
Rechtschreibschwerpunkte:	Dehnung/Schärfung, gleich und ähnlich klingende Konsonanten (f-v-pf, d-t)
Interpunktion:	Doppelpunkt
Didaktisch-methodische Hinweise:	1. Inhaltliche Erarbeitung: grafische Darstellung des Vergleichs
	2. Grammatik: Analyse von Satz 1 (der „um zu"-Satz als Ausdruck einer Absicht), Umformulierung einzelner „damit"- oder „um zu"-Sätze
	3. Rechtschreibung: Erarbeitung der Regel über die Zusammen- oder Getrenntschreibung von Ausdrücken wie „so lange"/solange, wie weit/wieweit u.a.

Unser Kalender gehört zu den alljährlichen Selbstverständlichkeiten, die wir in Anspruch nehmen, ohne weiter darüber nachzudenken. Tag für Tag reißen wir ein neues Kalenderblatt ab, und Jahr für Jahr scheint sich alles nach einem festgefügten Rhythmus zu wiederholen. Doch das war nicht immer so.

Bereits im Jahre 46 v. Chr. entwickelte Julius Cäsar einen Kalender, der auf dem Sommerjahr beruhte. Das so genannte Julianische Jahr war im Durchschnitt 365,25 Tage lang, so dass regelmäßig ein Schaltjahr eingefügt werden musste. Allerdings war diese Zeitmessung noch zu ungenau. Das Jahr war um exakt 0,0078 Tage zu lang, so dass im Laufe der Jahre der Kalender nicht mehr mit der Jahreszeit übereinstimmte. Am Ende des 16. Jahrhunderts hatte sich bereits ein Unterschied von 10 Tagen zwischen dem tatsächlichen Sonnenstand und dem Kalender ergeben. Hätte man jetzt nichts geändert, dann hätten unsere Nachfahren Weihnachten vielleicht einmal im Sommer feiern müssen.

Papst Gregor XIII. konnte mit der von ihm erarbeiteten Reform die Zeiteinteilung wieder dem Sonnenstand anpassen und den Fehler beheben. Am 24. Februar 1582 wurde beschlossen, dass in jenem Jahr auf den 4. Oktober sogleich der 15. Oktober folgen sollte. Gleichzeitig wurde die durchschnittliche Jahreslänge auf 365,245 Tage festgelegt.

Dieser Reform verdanken wir es, dass sich erst in etwa 3000 Jahren eine Differenz um einen Tag vom Lauf der Sommer ergeben wird.

Wortzahl:	219
Vorgaben:	Rhythmus, Julius Cäsar
Rechtschreibschwerpunkte:	Zusammen- und Getrenntschreibung, s-Laute
Interpunktion:	Komma: Konjunktionalsatz
Didaktisch-methodische Hinweise:	1. Übung einer Sachtextwiedergabe
	2. Reflexion über Sprache: Untersuchung der Benennungen für die Wochentage und die Monate (Herkunft, Bedeutung, Vergleich mit anderen Sprachen)

86 Das Missverständnis

Auf einer Reise durch die Schweiz kam der berühmte französische Dichter Alexandre Dumas in ein kleines Gasthaus. Er wollte dort zu Mittag essen, sich ein wenig von den Strapazen der Fahrt erholen und anschließend die Reise fortsetzen. Der Gastwirt und seine Frau konnten jedoch nur Deutsch, und Dumas' Kenntnisse der deutschen Sprache waren so gering, dass er sich nicht verständlich machen konnte.

Hungrig und müde wollte er nur schnell etwas Gutes essen und sich dann ausruhen. Da er aber kaum ein Wort Deutsch sprach, zog er kurz entschlossen ein Stück Papier aus der Tasche, zeichnete, so gut er konnte, einen großen Pilz auf das Blatt und zeigte dem Wirt stolz die Skizze. Dumas aß nämlich Pilzgerichte überaus gern, und das Gezeichnete schien eindeutig zu sein.

Der Wirt schaute etwas verdutzt, lächelte dann aber verständnisvoll und verschwand. Nach kurzer Zeit erschien er wieder – mit einem Regenschirm.

Wortzahl:	148
Vorgabe:	Alexandre Dumas, das Apostroph beim Genitiv „Dumas'"
Rechtschreibschwerpunkte:	Groß- und Kleinschreibung, Dehnung/Schärfung (z-tz)
Interpunktion:	Komma: Konjunktionalsatz, Aufzählung, vor „und"
Didaktisch-methodische Hinweise:	1. Warum verstehen sich die Gesprächspartner hier nicht? Wie kann es zu diesem Missverständnis kommen? Könnt ihr Dumas helfen? (Analyse des Vorgangs, Rollenspiel)
	2. Entwickelt eine andere Form, wie man sich ohne Worte verständlich machen kann. (Erarbeitung des Zeichencharakters von Sprache und eines einfachen Kommunikationsmodells)
	3. Spiel: Erfindet ein Bilderrätsel.
	4. Rechtschreibung: Groß- und Kleinschreibung von „deutsch" und „Deutsch" (*Er unterhält sich deutsch. Er spricht deutsch. Er kann kein Wort Deutsch. Er spricht Deutsch.* – Untersucht die unterschiedliche Schreibweise.)

Der Zirkus brennt! nach Sören Kierkegaard

Ein Reisezirkus in Dänemark war in Brand geraten. Der Direktor schickte daraufhin den Clown, der schon zur Vorstellung gerüstet war, in das benachbarte Dorf, um Hilfe zu holen, zumal die Gefahr bestand, dass über die abgeernteten, ausgetrockneten Felder das Feuer auch auf das Dorf übergreifen würde. Der Clown lief in das Dorf und forderte die Bewohner eindringlich auf, sie möchten eiligst zu dem brennenden Zirkus kommen und löschen helfen. Aber die Dörfler hielten das Geschrei lediglich für einen ausgezeichneten Werbetrick, um sie möglichst zahlreich in die Vorstellung zu locken; sie applaudierten und lachten bis zu Tränen. Dem Clown dagegen war mehr zum Weinen als zum Lachen zumute; der Verzweifelte versuchte vergebens, die Leute zu beschwören, ihnen klarzumachen, dies sei keine Vorstellung, kein Trick, es sei bitterer Ernst, es brenne wirklich. Sein Flehen steigerte nur das Gelächter, man fand, er spiele seine Rolle ausgezeichnet – bis schließlich in der Tat das Feuer auf das Dorf übergegriffen hatte und jede Hilfe zu spät kam, so dass Dorf und Zirkus gleichermaßen verbrannten.

Wortzahl:	171
Rechtschreibschwerpunkte:	Groß- und Kleinschreibung, Zusammen- und Getrenntschreibung
Interpunktion:	Semikolon; Komma: Konjunktionalsatz, erweiterter Infinitiv mit „zu", Aufzählung, Satzreihe
Didaktisch-methodische Hinweise:	1. Deutung des Textes (Analyse des Vorgangs und des Verhaltens, Deutung des Parabelcharakters dieses Textes, Erarbeitung der Verfasserintention)
	2. Übertragung: Warum scheitert die Verständigung? (Erweiterung des Kommunikationsmodells um die Momente „Rolle" und „Erwartung"; Bedingungen des Verstehens)
	3. Grammatik: Erarbeitung und Analyse des Konjunktivs, Abgrenzung zum Konditional
	4. Rechtschreibung: Vergleicht *etwas klarmachen oder klarlegen – ins Klare kommen, im Klaren sein – er konnte wieder klar denken.*

Eine Rede über die Rede Heinz Erhardt

Unser Dasein wird vom Reden begleitet: Bei der Taufe wird der Mensch mit Reden begrüßt – und am Grabe mit Reden verabschiedet.

Wie entsteht nun eigentlich eine Rede?

Zunächst hascht man sich einen Gedanken. Das dauert oft länger, als einem lieb ist. Hat man ihn dann endlich, ist er nackt und bloß. Also muss man ihn kleiden – und zwar in Worte! Nun beginnt man im Laufe der Rede Worte zu verlieren. Dadurch fehlen sie einem bald. Deshalb muss man schleunigst nach neuen Worten suchen, bis man welche gefunden hat. Hat man endlich wieder Worte gefunden, gehen sie einem aufs Neue verloren, und man muss wieder nach Worten suchen usw. usw. Ein ewiges Verlieren, Suchen und Finden ist so eine Rede, und leider steht ihre Länge meist in keinem Verhältnis zu der Länge ihrer Gedanken! Wird man unerwartet gebeten, eine Rede zu halten, so erschrecke man nicht, sondern fasse sich kurz. Aber kurz!

(aus: Das große Heinz-Erhardt-Buch, © Fackelträger Verlag GmbH, Hannover 1970)

Wortzahl:	155
Rechtschreibschwerpunkt:	Groß- und Kleinschreibung
Interpunktion:	Komma: vor „und", uneingeleiteter Nebensatz
Didaktisch-methodische Hinweise:	1. Erarbeitung der Wortspiele dieser „Rede".
	2. Verfassen eigener lustiger oder satirischer Texte, die um Wortspiele kreisen
	3. Interpunktion: das Komma vor „als" („*Das dauert oft länger, als einem lieb ist*" – Es dauert länger als gewöhnlich.)

89 Was heißt hier eigentlich „eigentlich"?

Der viel benutzte Begriff „eigentlich" bedeutet ursprünglich „leibeigen", „ausdrücklich", „tatsächlich", „bestimmt" oder „genau genommen". Doch wie wenden wir dieses Wort heutzutage an?

Da fragen wir: „Hast du Lust, ins Kino zu gehen?" Und es wird kleinlaut geantwortet: „Ach, eigentlich nicht!"

Oder wir fragen: „Wie heißen Sie eigentlich?" Oder: „Was hast du dir eigentlich dabei gedacht? Eigentlich müsste ich jetzt sehr ärgerlich sein. Warum kommst du eigentlich so unpünktlich? Hast du eigentlich keine Uhr?"

Das Wort „eigentlich" ist mehr als ein bloßes Füllwort. Es zeigt Unentschlossenheit und Unsicherheit. Wir benutzen es, wenn wir nicht den Mut haben, die Wahrheit oder unsere Meinung frei heraus und deutlich zu sagen. So schwächen wir ab, wollen das Gesagte weniger krass ausdrücken. „Eigentlich hast du ja Recht ..." Innerlich können wir unserem Gesprächspartner allerdings nicht zustimmen. Ist dieses Verhalten nicht eigentlich unehrlich und feige? Warum verzichten wir nicht auf das Wort?

Wie steht es damit eigentlich bei euch?

Wortzahl:	157
Rechtschreibschwerpunkt:	Zusammen- und Getrenntschreibung
Interpunktion:	Komma: Aufzählung, erweiterter Infinitiv mit „zu"
Didaktisch-methodische Hinweise:	Ähnlich wie bei den Texten 90 und 91 geht es darum, Sprachsensibilität zu schulen, indem sprachliche Bedeutung ernst genommen wird. Gerade durch Verfremdungen und Übertreibungen kann der Blick für eigene Nachlässigkeiten im Sprachgebrauch geschärft werden.

Länge verlangt nach Karl Wilhelmi

Es heißt zwar, in der Kürze liegt die Würze, aber deswegen lassen wir das Lange nicht zu kurz kommen, was beispielsweise an vielen Haartrachten zu erkennen ist. Vieles, was lang ist, weckt oft Freude, so der lange Samstag bei jedem Handelsmann oder das Langzeitprogramm beim Finanzminister, wenn er kurzfristig keine Mittel mehr hat.

Auch in der Tierwelt gibt es mehreres Längliches. So denkt der Weidmann beim Begriff Langohr an den Meister Lampe, während der Eseltreiber sein mitunter störrisches Lasttier so nennt. Ins Menschliche kommen wir dann wieder mit den Hammelbeinen, die man manchmal manchem lang ziehen möchte; Zum Beispiel langatmigen Rednern, wenn sie sich des Langen und Breiten über längst Bekanntes verbreiten.

Damit kämen wir über kurz oder lang zu den unerfreulichen Längen, die es leider auch gibt. Gegen die eigene Langeweile kann man ja etwas tun, indem man sich ein paar schöne Langspielplatten vorspielt, und auch langwierige Probleme sollte man langmütig hinnehmen, denn was lange währt, wird endlich gut. Sehr in Acht nehmen muss man sich hingegen vor Langfingern, die einem in die Taschen langen, ehe man sich versieht.

Wenn ich einmal einen dabei erwische, werde ich ihm die Ohren lang ziehen und ihm einschärfen, dass ehrlich doch am längsten währt!

(nach: Wilhelmshavener Zeitung vom 24.9.1981)

Wortzahl:	204
Rechtschreibschwerpunkte:	Groß- und Kleinschreibung, Zusammen- und Getrenntschreibung
Interpunktion:	Komma: Konjunktionalsatz, Relativsatz
Didaktisch-methodische Hinweise:	1. Stellt alle Wortspiele und Anspielungen heraus. Mit welcher Absicht hat der Verfasser diese Wortspiele benutzt?
	2. Schreibt eine ähnlich Glosse zum Wortfeld „schwarz" und den entsprechenden Redewendungen.

Das Auto hielt vor der Zapfsäule. Der Tankwart kam aus seinem Büro und ging auf den Wagen zu. Der Fahrer war inzwischen ausgestiegen und stand wartend neben seinem Auto.

„Guten Tag", sagte der Tankwart. „Was darf es sein – Normal oder Super?" Der Autofahrer blickte auf die Reklame über den Zapfsäulen. Dort stand in großen Lettern: „Unsere Preise für Normal sind super." Er wandte sich an den Tankwart und fragte: „Heißt das, dass bei ihnen Normal- und Superbenzin dasselbe kosten?"

„Nein", antwortete der Tankwart, „das soll lediglich heißen, dass unsere Preise für Normalbenzin einfach super sind."

„Aber Ihre Preise für Super – die sind normal?", fragte der Kunde.

„Nein", erwiderte der Tankwart, „sie sind niedriger als normal."

Der Autofahrer überlegte ein Weilchen. Dann sagte er: „Ihre Preise für Normal sind also super, und die Preise für Super sind niedriger als normal. Verstehe ich nun richtig, dass bei Ihnen Superbenzin so viel kostet wie normal Normal?"

Der Tankwart dachte nach. „Ja", antwortete er schließlich, „Super ist so billig wie Normal."

„Und Normal?"

„Ist noch billiger – wirklich super. Was fahren Sie denn?"

„Also normal Normal. Aber wenn ich's mir jetzt so überlege, könnte ich bei Ihnen ja auch Super tanken."

„Das finde ich sehr vernünftig", meinte der Tankwart, „denn schließlich: Super ist super. Das ist doch normal."

(aus: Frankfurter Rundschau vom 19.9.1981)

Wortzahl:	215
Rechtschreibschwerpunkte:	Groß- und Kleinschreibung, s-Laute (das – dass)
Interpunktion:	wörtliche Rede; Gedankenstrich
Didaktisch-methodische Hinweise:	1. Analyse der Wortspiele (Bedeutungsverschiebungen einzelner Begriffe erarbeiten und den satirischen Charakter des Textes erkennen)
	2. Findet Beispiele für ähnlich modische Wortveränderungen.
	3. Diskussion/Erörterung: Sprachnorm, Sprachrichtigkeit, Sprachwandel?

92 Der Chef

nach Mark Twain

Dieser Morgen versprach nichts Gutes, denn der Chef hatte wieder einmal schlechte Laune. Und wenn dieser Fall eintrat, ließ er seinen Unmut stets an den Untergebenen aus. Seine Sekretärin, die am häufigsten mit ihm zu tun hatte, musste folglich im Allgemeinen auch am meisten unter diesem Verhalten leiden. „Es ist zum Verrücktwerden!", rief er erregt. „Wie oft habe ich Ihnen schon gesagt, dass man auf meinem Schreibtisch nichts anrühren soll! Haben Sie nichts Wichtigeres zu tun, als eine solche Unordnung anzurichten?"

„Ich bin nicht schuld an dem Zustand Ihres Schreibtisches!", erwiderte die Sekretärin geduldig. „Ich habe nichts angerührt."

„So? Und wer hat diese Marken hier hingelegt? Alles Leugnen hilft nichts. Ich habe Sie durchschaut."

Die Sekretärin sagte kein Wort, sondern begann auf ihrer Maschine zu klappern. Das ärgerte ihn noch mehr.

„So tun Sie doch endlich etwas Sinnvolles!", polterte er aufgebracht. „Legen Sie bloß schnell diese Marken weg!"

„Wo soll ich sie hintun?", fragte sie und stand auf.

„Machen Sie, was Sie wollen! Nur legen Sie sie irgendwohin, wo ich sie nicht mehr sehen kann!"

„Gut!", nickte die Sekretärin. Sie nahm die Briefmarken, befeuchtete sie ruhig und klebte sie dem Chef sorgfältig auf dessen Stirn. Dann sagte sie zu dem Fassungslosen: „Ich bitte um meine fristlose Entlassung."

Wortzahl:	209
Rechtschreibschwerpunkte:	Groß- und Kleinschreibung, s-Laute
Interpunktion:	wörtliche Rede
Didaktisch-methodische Hinweise:	1. Schreibt diese Geschichte aus der Perspektive des Chefs. Was muss sich ändern?
	2. Verfasst ähnlich lustige Geschichten. Mit welchen Mitteln kann man die Wirkung erhöhen?
	3. Rechtschreibung: Vergleicht „*Ich bin nicht schuld.*" – *Ich habe Schuld.*
	4. Grammatik: Untersuchung von Satz 1 und Satz 2 (Unterscheidung von Haupt- und Nebensatz)

nach Theodor Fontane

Um eben diese Zeit kam ich in die Klippschule, was nur in der Ordnung war, denn ich ging in mein siebentes Jahr. Der Lehrer, der Gerber hieß, machte von seinem Namen weiter keinen Gebrauch und war überhaupt sehr gut. Ich zeigte mich auch gelehrig und machte Fortschritte; meine Mutter hielt es aber doch für ihre Pflicht, hier und da, namentlich im Lesen, nachzuhelfen, und so stand ich jeden Nachmittag an ihrem Nähtisch und las allerlei kleine Geschichtchen vor. Ich machte das wahrscheinlich ganz erträglich, denn gut lesen und schreiben können, beiläufig etwas im Leben sehr Wichtiges, ist eine Art Erbgut in der Familie; meine Mutter war aber nicht leicht zufrieden zu stellen und ging außerdem davon aus, dass Loben und Anerkennen den Charakter verdürben, was ich übrigens auch heute noch nicht für richtig halte. Bei dem kleinsten Fehler zeigte sie die „rasche Hand", über die sie überhaupt verfügte. Von Laune war dabei keine Rede; sie verfuhr vielmehr nach einem festen Prinzip.

Wortzahl:	164
Vorgabe:	Klippschule
Rechtschreibschwerpunkte:	Groß- und Kleinschreibung, Zusammen- und Getrenntschreibung
Interpunktion:	Semikolon; Komma: Relativsatz, Apposition
Didaktisch-methodische Hinweise:	1. Diskussion/Erörterung der hier angedeuteten Erziehungsziele und -methoden
	2. Vergleich mit anderen literarischen Verarbeitungen von Schulerfahrungen. Verfassen eigener Texte zum Thema „Schule" (Einordnung in eine UE „Schulerfahrungen")
	3. Grammatik: Analyse der Verbform „verdürben" (Bildung, Funktion)
	4. Reflexion über Sprache: Deutet das Wortspiel mit dem Namen des Lehrers.

Das Feuerschiff Siegfried Lenz

Sie lagen und lagen fest bei den wandernden Sandbänken. Seit Jahren, seit dem Krieg lag ihr Schiff an langer Ankerkette fest, ein brandroter Hügel auf der schiefergrauen Ebene der See, muschelbedeckt, von Algen bewachsen – bis auf die kurzen Zeiten in der Werft lag es da, während der heißen Sommer, wenn die Ostsee glatt und blendend und zurückgedämmt war, und in all den Wintern, wenn wuchtige Seen das Schiff unterliefen und Eisschollen splitternd an der Bordwand entlangschrammten. Es war ein altes Reserve-Feuerschiff, das sie nach dem Krieg noch einmal ausgerüstet und hinausgeschickt hatten, um die Schiffe vor den wandernden Bänken zu warnen und um ihnen einen Ansteuerungspunkt zu geben für den Minenzwangsweg.

Neun Jahre hing der schwarze Ball in ihrem Mast, der anzeigte, daß sie auf Position waren, kreiste der Blinkstrahl ihrer Kennung über die lange Bucht und über die nächtliche See bis zu den Inseln, die sich grau und flach wie ein Ruderblatt am Horizont erhoben. Jetzt waren die Minenfelder geräumt, das Fahrwasser galt als sicher, und in vierzehn Tagen sollte das alte Feuerschiff eingezogen werden: es war ihre letzte Wache. [...]

(Auszug aus: Siegfried Lenz: Das Feuerschiff. Aus: Siegfried Lenz: Das Feuerschiff. Erzählungen. © Hoffmann & Campe Verlag, Hamburg 1960)

Wortzahl:	185
Vorgaben:	Minenzwangsweg, Kennung
Rechtschreibschwerpunkt:	Zusammen- und Getrenntschreibung
Interpunktion:	Komma: vor „und", Relativsatz, Aufzählung
Didaktisch-methodische Hinweise:	1. Dieser Text wurde aus lizenzrechtlichen Gründen nicht in reformierter Rechtschreibung abgedruckt. Methodisch bietet sich hier eine gemeinsame Überarbeitung an.
	2. Analyse dieses Anfangs der Erzählung „Das Feuerschiff": Welche Erwartungen des Lesers werden geweckt?
	3. Fortsetzung der Lektüre und erneute Deutung des Anfangs, Vergleich der erwarteten und tatsächlichen Fortführung der Geschichte
	4. Erarbeitung der Aufsatzformen „Schilderung" und „Beschreibung" (Vergleich der Schreibhaltung)
	5. Interpunktion/Grammatik: Satzbauanalyse von Satz 2 (Analyse der hypotaktischen Struktur, Deutung und Erklärung der Zeichensetzung mit Hilfe eines Satzbauplans)

Die beiden Bauern, welche hinter ihrem Pflug gingen, waren lange, knochige Männer von ungefähr vierzig Jahren und verkündeten auf den ersten Blick den sichern, gut besorgten Bauersmann. Sie trugen kurze Kniehosen von starkem Zwillich, an dem jede Falte ihre unveränderliche Lage hatte und wie in Stein gemeißelt aussah. Wenn sie, auf ein Hindernis stoßend, den Pflug fester fassten, so zitterten die groben Hemdsärmel von der leichten Erschütterung, indessen die wohl rasierten Gesichter ruhig und aufmerksam, aber ein wenig blinzelnd in den Sonnenschein vor sich hinschauten, die Furche bemaßen oder auch zuweilen sich umsahen, wenn ein fernes Geräusch die Stille des Landes unterbrach. Langsam und mit einer gewissen natürlichen Zierlichkeit setzten sie einen Fuß um den anderen vorwärts, und keiner sprach ein Wort, außer wenn er etwa dem Knecht, der die stattlichen Pferde antrieb, eine Anweisung gab. So glichen sie einander vollkommen in einiger Entfernung; denn sie stellten die ursprüngliche Art dieser Gegend dar, und man hätte sie auf den ersten Blick nur daran unterscheiden können, dass der eine den Zipfel seiner weißen Kappe nach vorn trug, der andere aber hinten im Nacken hängen hatte.

Wortzahl:	187
Vorgabe:	Zwillich
Rechtschreibschwerpunkte:	s-Laute, Zusammen- und Getrenntschreibung, gleich und ähnlich klingende Konsonanten (pf-f-v, g-k)
Interpunktion:	Komma: Relativsatz, Konjunktionalsatz, vor „und", Aufzählung
Didaktisch-methodische Hinweise:	1. Wie werden die beiden Männer beschrieben? Wie wirken Landschaft und Menschen auf uns?
	2. Einordnung in eine UE „Charakterisierung" (Personenbeschreibung, Personencharakterisierung)
	3. Interpunktion: Vergleicht die folgenden Sätze: *Er kam lachend auf mich zu. – Er kam, aus vollem Halse lachend, auf mich zu.* (Erarbeitung der Regel zur Zeichensetzung bei einer Partizipialgruppe:„*Wenn sie, auf ein Hindernis stoßend, den Pflug fester fassten ...*")

Schnell gelebt Kurt Kusenberg

Schon als Kind erregte er Verwunderung. Er wuchs wie aus der Pistole geschossen und gab das Wachsen ebenso plötzlich wieder auf. Beim Sprechen verhaspelte er sich, weil die Gedanken den Worten entliefen; er war blitzschnell in seinen Bewegungen und wurde oft gleichzeitig an verschiedenen Orten gesehen. Alljährlich übersprang er eine Schulklasse; am liebsten hätte er sämtliche Klassen übersprungen.

Aus der Schule entlassen, nahm er eine Stellung als Laufbursche an. Er war der einzige Laufbursche, der je gelaufen ist. Von seinen Botengängen kehrte er so rasch wieder zurück, dass man nicht annehmen konnte, er habe sie wirklich ausgeführt, und ihn deshalb entließ. Er warf sich auf die Kurzschrift und schrieb bald fünfhundert Silben in der Minute. Trotzdem mochte kein Büro ihn behalten; denn er datierte die Post um Wochen vor und gähnte gelangweilt, wenn seine Vorgesetzen zu langsam diktierten.

Nach kurzem Suchen, das ihn endlos dünkte, stellte man ihn als Omnibusfahrer ein. Mit Schaudern dachte er später an diese Tätigkeit zurück, die darin bestand, einen fahrenden Wagen fortwährend anzuhalten. Vor ihm winkten Straßenfluchten, die zu durcheilen genussvoll gewesen wäre. An den Haltestellen aber winkten Leute, die einsteigen wollten, und ihnen musste er folgen. Eines Tages aber ...

Wortzahl:	197
Vorgabe:	dünkte
Rechtschreibschwerpunkte:	Groß- und Kleinschreibung, Zusammen- und Getrenntschreibung
Interpunktion:	Semikolon; Komma: Relativsatz, Konjunktionalsatz, vor „und"
Didaktisch-methodische Hinweise:	1. Fortsetzung der Geschichte (Gerade durch das „Fortschreiben" können die „Leerstellen" des Textes herausgearbeitet und besprochen werden.)
	2. Vergleich der unterschiedlichen Fassungen (Welche Bedingungen des diktierten Anfangs der Erzählung bestimmen jeweils die Fortsetzung?)
	3. Interpunktion: Komma bei Partizipien („*Aus der Schule entlassen, ...*"); Vergleich mit der Regel zur Zeichensetzung beim erweiterten Infinitiv mit „zu"

So wichtig es auch ist, rechtzeitig zu erfahren, wie viel Zeit einem noch bleibt, um das nächste Flugzeug zu erreichen, oder wann die Nachrichten beginnen, möchten wir Sie mit solchen Banalitäten nicht langweilen. Es versteht sich schließlich von selbst, dass einem die Zeiger einer Uhr Stunden, Minuten und Sekunden zeigen, ohne der Zeit voraus zu sein oder ihr hinterher zu hinken. Wie viele Male mögen Sie schon gelesen haben, dass ein Uhrenhersteller sich mit solchen Selbstverständlichkeiten brüstete.

Bei unserer Uhrenkollektion können Sie allerdings an jedem Zeiger jedes einzelnen Stückes ablesen, mit wie viel Liebe und Sorgfalt wir die Sammlung edler, auserlesener Meisterwerke der Uhrmacherkunst zusammengestellt haben. Bei einiger Übung kann man schon an der Form der Zeiger zum Beispiel erkennen, dass diese oder jene Uhr dem Stil des 19. Jahrhunderts nachempfunden wurde. Aber auch ohne diese Kenntnis kann man aus der Feinheit der Zeiger und der sorgfältigen Verarbeitung sehr viel über die Qualität unserer Uhren erfahren. Auf jeden Fall sollten Sie sich dieses Erlebnis nicht entgehen lassen. Sehen Sie sich bei einem der unten aufgeführten Fachhändler unsere Kollektion einmal in Ruhe und unverbindlich an.

Vielleicht haben Sie den gleichen Geschmack wie wir.

Wortzahl:	194
Vorgabe:	Kollektion
Rechtschreibschwerpunkt:	Zusammen- und Getrenntschreibung
Interpunktion:	Komma: Konjunktionalsatz, erweiterter Infinitiv mit „zu"
Didaktisch-methodische Hinweise:	1. Analyse des Werbetextes (Woran merkt man, dass es sich hier um eine Werbung handelt? Arbeitet die Mittel heraus, mit denen hier geworben wird. An welche Zielgruppe wendet sich dieses Produkt?)
	2. Rechtschreibung:
	a) Wiederholung der Regeln über die Zusammenschreibung von Verben („*hinterherhinken*", „*zusammengestellt*", aber: „*voraus zu sein*")
	b) Vergleich der Schreibung von „*wie viel Zeit*", „*wie viele Male*" und *Soviel ich weiß, geht es ihm gut.*

Nihilit   Kurt Kusenberg

Ein Mann namens Rotnagel erfand einen neuen Klebstoff, der sehr vertrauens-
würdig aussah und nach Oleander duftete. Viele Frauen bedienten sich seiner,
um angenehm zu riechen. Gegen diese Unsitte kämpfte Rotnagel heftig an. Er
wünschte, dass seine Erfindung sinngemäß verwendet werde. Gerade das aber
bot Schwierigkeiten, denn der neue Klebstoff klebte nicht, jedenfalls nichts Bekanntes. Ob Papier oder Metall, Holz oder Porzellan, keines von ihnen haftete am
gleichen oder an einem fremden Material. Bestrich man einen Gegenstand mit
Klebstoff, so glitzerte dieser viel versprechend, aber er klebte nicht, und darauf
kam es ja eigentlich an. Trotzdem wurde er viel benutzt, weniger aus praktischen
Gründen, sondern wegen des herrlichen Oleanderduftes. Rotnagel war kein
Narr. Er sagte sich: Ein Klebstoff, der nichts klebt, verfehlt seinen Zweck. Es muss
also etwas erfunden werden, das sich von ihm kleben lässt. Sicherlich wäre es
einfacher gewesen, die Erzeugung einzustellen oder seinen Missbrauch durch
die Frauen hinfort zu dulden, doch der bequeme Weg ist verächtlich. Darum gab
Rotnagel drei Jahre seines Lebens daran, einen Werkstoff zu entdecken, der sich
von dem Klebstoff kleben ließ, allerdings nur von diesem. Nach langem Überlegen nannte Rotnagel den neuen Werkstoff Nihilit.

(aus: K. Kusenberg: Mal was andres. Gesammelte Erzählungen, Copyright © 1969 by Rowohlt Verlag GmbH,
Reinbek)

Wortzahl:	192
Vorgaben:	Oleander, Nihilit
Rechtschreibschwerpunkte:	Zusammen- und Getrenntschreibung, Groß- und Klein-schreibung
Interpunktion:	Komma: Relativsatz, erweiterter Infinitiv mit „zu"

Didaktisch-methodische Hinweise:

1. Ist Rotnagel „kein Narr"? Wie wirkt das Verhalten der Konsumenten auf Rotnagel/auf den Leser?

2. Verfasst einen Werbetext für den duftenden Kleb-stoff und Nihilit.

3. Rechtschreibung:
   a) Untersucht die Schreibweise von „*nichts Bekann-tes*", *etwas Neues, viel Gutes, etwas Anderes/anderes, jeder Beliebige*. Wie lautet die Regel?
   b) Vergleicht *Er lässt sich kleben. – Er ließ sich kleben.*

4. Interpunktion: Komma vor *jedenfalls, sondern, aller-dings*

nach Peter Hays

Es war einmal ein Dorf in Österreich. Jahrelang lebte es friedlich dahin, über tausend Meter hoch und hübsch an einem Bach gelegen. Es war so arm, dass die Einheimischen unten im Tal ihre frische Butter von Tür zu Tür anbieten mussten, um auf diese Weise ihren Unterhalt zu verdienen. Da geschah eines Sommers ein kleines Wunder: Fremde aus einem Land voll qualmender Schornsteine tauchten auf und zahlten dafür, ein paar Tage lang die saubere Luft atmen zu dürfen.

Alles wäre wohl im bescheidenen, sommerlichen Rahmen geblieben, hätte sich dann im Laufe der Jahre nicht auch noch dies ereignet: Im Winter binden sich die Bergbauern lange Latten an die Füße, auf denen sie die verschneiten Hänge überwinden. Einige Fremde sehen das und machen es zum Spaß nach. Das Hinunterrutschen begeistert sie, aber es ist mühsam, den Berg aufzusteigen. Doch bald kaufen die Bauern ochsenstarke Maschinen, die möglichst viele Städter möglichst schnell an langen Stahlkabeln die Hänge hochkurbeln, gegen Bezahlung natürlich. Die Bauern merken rasch, dass sie am Lattenrutschen besser verdienen als am Braunvieh auf der Alm. Eifrig werden immer mehr Gästezimmer eingerichtet – bis eines schönen Tages dreimal so viel Fremde wie Einheimische nachts im Ort schnarchen.

(nach: P. Hays: Sonst bricht die Musi' auseinander, in: Frankfurter Allgemeine Zeitung vom 29.4.1981)

Wortzahl:	195
Rechtschreibschwerpunkte:	Groß- und Kleinschreibung, Zusammen- und Getrennt-schreibung, s-Laute
Interpunktion:	Doppelpunkt; Komma: Relativsatz, erweiterter Infinitiv mit „zu"
Didaktisch-methodische Hinweise:	1. Diese Geschichte beginnt wie ein Märchen. Untersucht, welche anderen Elemente an ein Märchen erinnern. Welche Absicht verbindet der Verfasser wohl mit diesen Anspielungen? Berücksichtigt dabei den Tempuswechsel.
	2. Schreibt eine Fortsetzung der Geschichte.
	3. Erörtert die Vor- und Nachteile, die der Fremdenverkehr für dieses Dorf mit sich bringt, aus der Sicht eines Einheimischen und aus der Sicht eines Touristen.

100 **Was darf die Satire?** Kurt Tucholsky

[...] Die Satire beißt, lacht, pfeift und trommelt die große, bunte Lands-knechttrommel gegen alles, was stockt und träge ist. [...]

Der Satiriker ist ein gekränkter Idealist: Er will die Welt gut haben, sie ist schlecht, und nun rennt er gegen das Schlechte an.

Die Satire eines charaktervollen Künstlers, der um des Guten willen kämpft, verdient also nicht diese bürgerliche Nichtachtung und das empörte Fauchen, mit dem hierzulande diese Kunst abgetan wird. [...]

Übertreibt die Satire? Die Satire muss übertreiben und ist ihrem tiefsten Wesen nach ungerecht. Sie bläst die Wahrheit auf, damit sie deutlicher wird, und sie kann gar nicht anders arbeiten als nach dem Bibelwort: Es leiden die Gerech-ten mit den Ungerechten. [...]

Wir sollten nicht so kleinlich sein. Wir alle [...] haben Fehler und komische Seiten und kleine und große Schwächen. Und wir müssen nun nicht immer gleich aufbegehren, wenn einer wirklich einmal einen guten Witz über uns reißt. Boshaft kann er sein, aber ehrlich soll er sein. Das ist kein rechter Mann und kein rechter Stand, der nicht einen ordentlichen Puff vertragen kann. Er mag sich mit denselben Mitteln dagegen wehren, er mag wiederschlagen – aber er wende nicht verletzt, empört, gekränkt das Haupt. Es wehte bei uns im öffentlichen Leben ein reinerer Wind, wenn nicht alle übel nähmen. [...] Die echte Satire ist blutreinigend: Und wer gesundes Blut hat, der hat auch einen reinen Teint.

Was darf die Satire?

Alles.

(aus: K. Tucholsky: Gesammelte Werke Bd. 1, Copyright © 1960 by Rowohlt Verlag GmbH, Reinbek)

Wortzahl:	230
Vorgabe:	Teint
Rechtschreibschwerpunkte:	Zusammen- und Getrenntschreibung, Groß- und Klein-schreibung, s-Laute
Interpunktion:	Doppelpunkt; Komma: Aufzählung, Relativsatz, vor „und"
Didaktisch-methodische Hinweise:	1. Wie definiert Tucholsky die Satire? Warum ist der Satiriker ein „gekränkter Idealist"? Was heißt, dass die Satire „ungerecht" sei? Darf die Satire wirklich „alles"?
	2. Verfasst selbst eine Satire, z.B. zum Thema „Zeitung-lesen", „Fernsehen", „Sport", „Mode". Überlegt euch zunächst, inwiefern ihr bei diesem Thema „gekränkter Idealist" seid.

Zürcher Zuchthaus, Bilder aus den Arbeitsstätten   Egon Erwin Kisch

Achtzehn Gewerbe werden in der Züricher Anstalt ausgeübt, und jeder Arbeitssaal bietet Anlass zu seltsamen Assoziationen: In der Schneiderei machen struppige, in plumpen Zwillich gekleidete Männer elegante Anzüge nach neuestem Schnitt, an die Wand geklebt sind Bilder der Mode, nach der sie arbeiten und deren Anwendung sie niemals sehen; [...] in der Korbflechterei sitzen Gestalten mit bedrohlichen Blicken, sie schwingen scharf geschliffene Riesenmesser, um dem Blumenbehälter ornamentale Gleichförmigkeit zu geben, und weben Matten für Damenfüßchen [...]; in der Schmiede arbeiten alte Einbrecher an sicheren Schlössern und schmieden und feilen Ketten; in der Bäckerei kneten sie Berge von Teig und bekommen außer dem Tee oder der Suppe mit Kartoffeln und Gemüse bloß fünfhundert Gramm Brot pro Tag [...].Hundertzweiundzwanzig Hektar umfasst der Ackerbaubetrieb, weit weg von den Mauern des Zuchthauses, in das die unfreiwilligen Landarbeiter abends wieder heimkehren. [...]

(aus: E. E. Kisch: Hetzjagd durch die Zeit, Gesammelte Werke in Einzelausgaben, Bd. 5, Aufbau Verlag, Berlin/Weimar 1983)

Wortzahl:	140
Vorgabe:	Zwillich
Rechtschreibschwerpunkte:	Dehnung/Schärfung, s-Laute
Interpunktion:	Semikolon; Komma: Satzreihe, Relativsatz, vor „und"
Didaktisch-methodische Hinweise:	1. Wie beschreibt der Verfasser das Zuchthaus und die Tätigkeit der Gefangenen? Welche Funktion haben die Beispiele?
	2. Handelt es sich um eine objektive oder um eine subjektive Schreibhaltung?
	3. Vergleich mit anderen Texten oder Bildern aus der Arbeitswelt (Einordnung in eine UE „Arbeit")
	4. Grammatik: Vergleicht „in plumpen Zwillich gekleidet" – in ihrem besten Kleid – ich sitze auf dem Stuhl – ich setze mich auf den Stuhl.

Die Vorüberlaufenden Franz Kafka

Wenn man in der Nacht durch eine Gasse spazieren geht und ein Mann, von weitem schon sichtbar – denn die Gasse vor uns steigt an, und es ist Vollmond –, uns entgegenläuft, so werden wir ihn nicht anpacken, selbst wenn er schwach und zerlumpt ist, selbst wenn jemand hinter ihm läuft und schreit, sondern wir werden ihn weiterlaufen lassen.

Denn es ist Nacht, und wir können nicht dafür, dass die Gasse im Vollmond vor uns aufsteigt, und überdies, vielleicht haben diese zwei die Hetze zu ihrer Unterhaltung veranstaltet, vielleicht verfolgen beide einen Dritten, vielleicht wird der Erste unschuldig verfolgt, vielleicht will der Zweite morden, und wir würden Mitschuldige des Mordes, vielleicht wissen die zwei nichts voneinander, und es läuft nur jeder auf eigene Verantwortung in sein Bett, vielleicht sind es Nachtwandler, vielleicht hat der Erste Waffen.

Und endlich, dürfen wir nicht müde sein, haben wir nicht so viel Wein getrunken? Wir sind froh, dass wir auch den Zweiten nicht mehr sehen.

(aus: F. Kafka: Die Erzählungen, Fischer Verlag, Frankfurt/M. 1961)

Wortzahl:	161
Rechtschreibschwerpunkte:	Zusammen- und Getrenntschreibung, Groß- und Kleinschreibung
Interpunktion:	Komma: vor „und", Satzreihe, Konjunktionalsatz
Didaktisch-methodische Hinweise:	1. Interpretation des Textes über eine Analyse der Satzstruktur
	2. Erörtert das von Kafka dargestellte Problem passiven Verhaltens.
	3. Einordnung in eine UE „Fabel, Parabel, Erzählung"

Peter Bichsel

Der Hochspringer konzentriert sich vor dem Sprung – die Fernsehkamera konzentriert sich indiskret und penetrant auf ihn. Der Hochspringer tänzelt, schließt die Augen, öffnet sie, tut so wie einer, der denkt, wie einer, der meditiert, tut so wie einer, der betet, zittert wie ein hochgezüchtetes Rennpferd. An was denkt er jetzt, auf was konzentriert er sich?

Es ist mir peinlich, ihm zuschauen zu müssen. Gut, ich finde sein Tun lächerlich, aber das ist meine Sache und nicht seine. Trotzdem, ich finde es gemein, daß man sein lächerliches Gebet der Welt zur Schau stellen muß [...], und ich schäme mich, ihm bei Intimem zuschauen zu müssen. Er leidet offensichtlich an etwas, und ich habe den Eindruck – jetzt, wo ich ihn „denken", „beten" und „zittern" sehe – er leidet an etwas, was er nicht frei gewählt hat. Nicht er hat diese Latte gelegt, sondern sie wurde gelegt auf Grund einer Übereinkunft, einer Konvention. Man hat sich weltweit darauf geeinigt, daß es sinnvoll sei, diese Latte zu überqueren, und daß dies sehr wichtig sei. Nun steht er da, als gehe es um Leben und Tod – darum geht es nicht, aber er hat sich das einzubilden. Er ist auf die internationale Lattenübereinkunft hereingefallen, ein Opfer, das von sich selbst zudem annimmt, es sei ein freiwilliges.

Auf der anderen Seite der Latte die Erlösung, die Entspannung, der Sieg. Wir wissen sogar, was für ein Sieg, denn da gibt es die Konvention auch. Es ist der „Sieg über sich selbst", eine herrliche und zutreffende Formulierung: Sieger und Opfer in einem – der Hochspringer hat den Menschen besiegt, den Menschen in sich selbst. Der Hochspringer ist der Sieger und der Mensch das Opfer. [...]

(aus: P. Bichsel: Geschichten zur falschen Zeit, © Suhrkamp Verlag, Frankfurt/M.)

Wortzahl:	277
Rechtschreibschwerpunkte:	Fremdwörter, Zusammen- und Getrenntschreibung, Groß- und Kleinschreibung, s-Laute (das – daß)
Interpunktion:	Komma: Aufzählung, Relativsatz, erweiterter Infinitiv mit „zu", vor „und", Satzreihe
Didaktisch-methodische Hinweise:	1. Dieser Text wurde aus lizenzrechtlichen Gründen nicht in reformierter Rechtschreibung abgedruckt. Methodisch bietet sich hier eine gemeinsame Umarbeitung an.
	2. Deutet den letzten Satz: Welche Auffassung von Leistungssport wird hier vertreten?
	3. Wodurch ist die Perspektive des Verfassers bestimmt? (Darstellung des Sports in den Medien)
	4. Erörtert das Verhältnis von Sport und Leistung. Diskutiert die Frage, ob der Leistungssport gezielt gefördert werden soll.

Ein klassisches Rätsel

Protagoras, ein berühmter Lehrer der Weisheit, nahm sich eines jungen Schülers an, um ihn in die Schliche der Advokatenkunst einzuführen. Zwischen dem Lehrer und dem Schüler war eine Vereinbarung getroffen worden, wonach der Schüler sich verpflichtete, seinem Lehrer sofort nach seinem ersten gewonnenen Prozess das Honorar für die Unterweisung in diese Kunst zu zahlen.

Der Schüler hatte bereits den gesamten Kurs absolviert, und Protagoras erwartete die Bezahlung. Doch der schlaue Schüler machte keine Anstalten, im Gericht aufzutreten und einen Prozess zu führen. Was tun? Der Lehrer musste klagen. Er dachte sich das so: Gewinne ich, muss mir das Honorar auf Grund der Entscheidung des Gerichts zustehen. Verliere ich aber, so muss der Schüler auch bezahlen, da er ja somit zum ersten Mal einen Prozess gewonnen hat.

Protagoras hatte aber nicht mit der Klugheit des Schülers gerechnet. Der betrachtete nämlich die Klage als völlig aussichtslos.

Wer hat vor Gericht gewonnen? Wie kann man diesen Fall lösen?

Wortzahl:	158
Vorgabe:	Protagoras
Rechtschreibschwerpunkte:	s-Laute, Zusammen- und Getrenntschreibung
Interpunktion:	Komma: erweiterter Infinitiv mit „zu", uneingeleiteter Nebensatz
Didaktisch-methodische Hinweise:	1. Könnt ihr die Frage beantworten? (Lösung: Der Schüler kann diese Argumentation auch zu seinen Gunsten benutzen: Gewinnt der Lehrer, muss der Schüler nicht bezahlen, da die Bedingungen des Vertrages nicht erfüllt sind – und umgekehrt. Eine Lösung wäre durch eine zweite Klage auf der Grundlage des ersten Urteils denkbar. Hier bekäme der Lehrer wohl Recht.)
	2. Verfasst die Gerichtsrede des Lehrers und die Gegenrede des Schülers. (Einordnung in eine UE „Argumentation")
	3. Rechtschreibung: Vergleicht die Schreibweise von „zum ersten Mal" – erstmals – einmal. Stellt ähnliche Beispiele zusammen.

105 **Deutsch – eine Fremdsprache für Deutsche?** nach einer Pressemeldung

Für die Bewohner der Bundesrepublik Deutschland scheint Deutsch tatsächlich eine schwierige Sprache zu sein. Zu diesem bedenklichen Ergebnis muss man kommen, wenn man die Zahlen einer repräsentativen Befragung, die ein großes Institut veranstaltet hat, richtig deutet.

Die 1981 abgeschlossene Untersuchung ergab, dass lediglich ein Drittel der Bevölkerung sehr gute Rechtschreibkenntnisse nachweisen konnte. Beim Test wurden besonders ausgewählte Personen gebeten, die von den Befragten vorgesprochenen Wörter „Rhythmus, Satellit, Lebensstandard, Republik" aufzuschreiben. Das Ergebnis war enttäuschend:

29 Prozent der Befragten konnten zwei von vier Wörter richtig schreiben. 24 Prozent waren in der Lage, ein Wort richtig zu schreiben. 17 Prozent der Testteilnehmer waren nicht imstande, ein einziges Wort fehlerfrei zu Papier zu bringen.

Diese erschreckenden Mängel werden leider durch viele andere Untersuchungen und Tests bestätigt.

Wortzahl:	131
Rechtschreibschwerpunkte:	Fremdwörter, gleich und ähnlich klingende Konsonanten (d-t, g-k, p-b), Zusammen- und Getrenntschreibung
Interpunktion:	Komma: Konjunktionalsatz, erweiterter Infinitiv mit „zu"
Didaktisch-methodische Hinweise:	1. Analyse der „Rechtschreibfallen" der Umfrage; Sammeln ähnlicher Schwierigkeiten
	2. Welche Gründe mag es für diese Mängel geben? Brauchen wir überhaupt so etwas wie „Rechtschreibung"?
	3. Diskussion/Erörterung von Rechtschreibnormen (etwa: Sollte man die Kleinschreibung einführen?)

06 ## Rückkehr des Niederdeutschen? nach einer Pressemeldung

Die niederdeutsche Mundart, jahrelang als absterbender Überrest vergangener Tage belächelt oder allenfalls als ländliche Attraktion bestaunt, wird immer beliebter. Das beweisen nicht nur die vielfältigen Lieder, Schlager und Theaterspiele in Funk und Fernsehen. Selbst auf dem recht nüchternen Gebiet der Nachrichtensendungen macht sich dieser Einfluss bemerkbar. So war das Echo auf ein Experiment von Radio Bremen, bei dem der Sender im Sommer 1977 mit wöchentlichen Nachrichten auf Plattdeutsch begann, geradezu erstaunlich.

Auf diese Idee war ein Rundfunkredakteur gekommen, nachdem einmal ein Nachrichtensprecher vor der Sendung den vorliegenden Nachrichtentext aus Spaß auf Platt vorgetragen hatte. Kurz entschlossen überraschte der Redakteur seine Zuhörer, indem er ohne jede weitere Ankündigung die Nachrichten auf Plattdeutsch verlesen ließ. Die Reaktion war überwältigend: Seit diesen ersten Ausstrahlungen habe es lediglich eine einzige ablehnende Zuschrift gegeben. Auch die anfängliche Sorge, die Plattdeutsch gesprochenen Nachrichten könnten ausschließlich als Schmunzelsendung aufgefasst werden, erwies sich als unbegründet.

Die Sendung, einmal akzeptiert, wurde als echte Bereicherung des Nachrichtenangebots empfunden. Vielleicht dient sie auch dazu, das sprachlich viel bildhaftere, stärker gefühlsmäßig wirkende Plattdeutsch mehr Menschen näher zu bringen.

Wortzahl:	179
Rechtschreibschwerpunkte:	Zusammen- und Getrenntschreibung, s-Laute
Interpunktion:	Komma: Partizipialsatz, Konjunktionalsatz
Didaktisch-methodische Hinweise:	1. Welche Rolle spielt der Dialekt in eurer Region? Wo wird er gesprochen? Wie unterscheidet er sich vom Hochdeutschen? (Einordnung in eine UE „Dialekte und Mundarten")
	2. Rechtschreibung: Wiederholung der Groß- und Kleinschreibung von „Deutsch" und „deutsch"
	3. Grammatik/Reflexion über Sprache: Bildung und Funktion des Konjunktivs in dieser Pressemeldung

107 Beamtendeutsch

nach Renate I. Mreschar

Im Gegensatz zur Kleidermode, von deren Diktat in den Kanzleien und Behörden nicht allzu viel zu spüren ist, genießen Modewörter dort eine erstaunliche Beliebtheit. Zum einen hört man diese Wörter so oft, dass sie mühelos aus der Feder fließen. Außerdem wirken sie „schick" und lassen den, der sie gebraucht, als einen erscheinen, der „auf Draht ist" und den man nicht „auf Vordermann zu bringen" braucht, weil er weiß, was „in" ist.

So spricht man heute nicht mehr vom Anschluss, sondern von der Anbindung der Gemeinde an das Verkehrsnetz, Gebühren entstehen nicht mehr, sondern fallen an, Argumente werden eher gewichtet als abgewogen, von früher erfolgreichen Besprechungen sagt man heute, sie hätten ein positives Ergebnis gezeigt.

Nicht nur in der Wortwahl, sondern auch im Satzbau und im Gebrauch der verschiedenen Wortarten, vom Substantiv bis zur Präposition, unterscheidet sich die Amts- von der Gemeinsprache. „Beamtendeutsch" wirkt steif und hölzern. Gleichwohl hat dieser Nominalstil auch seine Vorzüge.

Die verbale Aussage ist ungenauer, weil sie oft mehrdeutig ist, während das Substantiv einen genau definierten Inhalt hat (zum Beispiel klagen – Klage erheben, erlauben – eine Erlaubnis erteilen). Substantivische Wendungen machen den Satz zudem straffer, manchmal sogar übersichtlicher.

(nach: Wilhelmshavener Zeitung vom 1.10.1981, © dfd – der forschungsdienst, Königswinter)

Wortzahl:	194
Rechtschreibschwerpunkte:	Zusammen- und Getrenntschreibung, s-Laute
Interpunktion:	Komma: Konjunktionalsatz, Relativsatz
Didaktisch-methodische Hinweise:	1. Wiederholung der im Text angeführten grammatischen Begriffe
	2. Worin unterscheidet sich die Beamten- von der Umgangssprache? (Merkmale, Beispiele)
	3. Untersucht andere Beispiele für Fachsprachen oder „Modesprachen". Welche Sprachveränderungen fallen auf?
	4. Diskussion/Erörterung: Sollte die Schule oder eine andere Institution die Sprachveränderungen und den Sprachgebrauch kontrollieren? (Einordnung in eine UE „Sprache und Sprachsteuerung" oder „Sprache, Denken, Wirklichkeit")

„Dame" oder „Frau" Müller? nach einer Pressemeldung

Das Karlsruher Bundesverfassungsgericht hat jetzt endgültig entschieden, dass die im allgemeinen Sprachgebrauch verwendete Anrede „Frau" das weibliche Geschlecht gegenüber den Männern nicht diskriminiert.

Mit diesem Beschluss hat das Gericht die Verfassungsbeschwerde einer städtischen Angestellten aus Bad Harzburg zurückgewiesen.

Die streitbare Dame hatte von der Stadt und den städtischen Behörden die Verwendung der Anrede „Dame" statt „Frau" im schriftlichen und mündlichen Umgang verlangt. Die Sechzigjährige hatte die Auffassung vertreten, dass nur durch die Anrede „Dame" die in Artikel 3 des Grundgesetzes garantierte Gleichheit vor dem Gesetz gegenüber der Anrede „Herr" gegeben sei. Das Gericht vertrat demgegenüber den Standpunkt, der Ausdruck und Begriff „Dame" als Ehrentitel habe erst im 18. Jahrhundert Eingang in die bürgerliche Gesellschaft gefunden, die Begriffe „Herr" und „Frau" aber entsprächen bereits im Althochdeutschen einander. Da sich der Ausdruck „Dame" als Anrede für eine Frau nicht durchgesetzt habe, könne auch keine Rede davon sein, dass die Anrede „Frau" verfassungswidrig sei.

Trotz dieser Entscheidung ist die Dame entschlossen, nicht aufzugeben und ihr Recht durch alle Instanzen zu erkämpfen – zur Not bis zum höchsten Gericht, dem Internationalen Gerichtshof in Den Haag.

Wortzahl:	184
Vorgabe:	Den Haag
Rechtschreibschwerpunkte:	Zusammen- und Getrenntschreibung, Groß- und Kleinschreibung, s-Laute, gleich und ähnlich klingende Konsonanten (d-dt-t)
Interpunktion:	Komma: Konjunktionalsatz
Didaktisch-methodische Hinweise:	1. Stellt die unterschiedlichen Argumente beider Seiten heraus und überprüft sie anhand von Lexika. Welche Lexika müsstet ihr heranziehen?
	2. Wie hättet ihr als Richter entschieden? (Erarbeitung einer Verteidigungsrede/einer Anklage/eines Plädoyers)
	3. Diskussion/Erörterung: Kann man mit oder durch Sprache einen Menschen diskriminieren? Untersucht diese Frage anhand von geeigneten Beispielen.
	4. Rechtschreibung: Großschreibung von Adjektiven in Eigennamen („Internationaler Gerichtshof")

Der Mensch und die Sprache Jürgen Lethmate

„Der Mensch ist nur Mensch durch die Sprache", schrieb Wilhelm von Humboldt. Sprachforscher, die menschliche und tierische Verständigungsweisen miteinander vergleichen, bestätigen diese Einsicht noch heute: „Das Phänomen Sprache bildet geradezu den Wesensmittelpunkt des Menschen." Tatsächlich ist es bis heute keinem Forscher gelungen, einem Menschenaffen das Sprechen beizubringen, obwohl mancher es versucht hat. Dafür sind Kehlkopf und Gehirn der Tiere offensichtlich nicht konstruiert. Doch muss zwischen „Sprechfähigkeit" und „Sprachfähigkeit" unterschieden werden. Sprechfähigkeit ist das Vermögen, sich akustisch zu artikulieren; Sprachfähigkeit deutet auf Symbolverständnis. Menschenaffen haben ein Symbolverständnis – im Gegensatz zum Papagei, der zwar über Sprech-, nicht jedoch über Sprachfähigkeit verfügt.

(aus: Jürgen Lethmate: Mich laust der Mensch, in: GEO 10/1978, Verlag Gruner & Jahr, Hamburg)

Wortzahl:	104
Vorgabe:	Wilhelm von Humboldt
Rechtschreibschwerpunkt:	Fremdwörter
Interpunktion:	Komma: erweiterter Infinitiv mit „zu"
Didaktisch-methodische Hinweise:	1. Erläutert den Unterschied zwischen Sprech- und Sprachfähigkeit.
	2. Erarbeitet die Bedingungen, die erfüllt sein müssen, um sprechen zu können. (Einordnung in eine UE „Sprache und Kommunikation" oder „Sprache, Denken, Sprechen")

Erste Werkzeuge nach Uwe George

Wann die ersten Horden des Homo erectus – des Aufrechtgehenden – auf ihren Jagdzügen den Sahara-Raum durchquerten, wissen wir nicht genau. Aber wir wissen, dass sie, als Jäger und Sammler den Wanderungen afrikanischer Tiere folgend, Werkzeuge gebrauchten. Menschwerdung und Werkzeuggebrauch sind eine untrennbare Einheit. Irgendwann reifte im Hirn des Menschen das Verständnis für die Wirkungsweise der immer wieder aufgelesenen Wurf- und Schlagsteine. Und nachdem die Koordination zwischen Denken und Fingerfertigkeit immer effektivere Werkzeuge entstehen ließ, begann der Mensch damit, die Oberfläche seines Planeten umzugestalten. Es muss ein Triumph gewesen sein, als es zum ersten Mal einem Lebewesen gelang, die Materie seinem Wollen zu unterwerfen: Der Mensch begann zu produzieren. Dafür gibt es in einem entlegenen Winkel der libyschen Wüste erstaunliche Zeugnisse. Dort liegen zwischen Felsen verstreut viele Millionen Faustkeile und Speerspitzen. Und überall in der Wüste sind die Ufer längst ausgetrockneter Flüsse und Seen mit Resten von Harpunen und aus Knochen hergestellter Angelhaken übersät.

(nach: U. George: Das verschollene Meer, in: GEO 1/1980, Verlag Gruner & Jahr, Hamburg)

Wortzahl:	155
Vorgabe:	Homo erectus
Rechtschreibschwerpunkte:	Zusammen- und Getrenntschreibung, Groß- und Kleinschreibung, Fremdwörter
Interpunktion:	Komma: erweiterter Infinitiv mit „zu", Konjunktionalsatz
Didaktisch-methodische Hinweise:	1. Sachtextwiedergabe (Leitfragen: Wie wird in diesem Text der Mensch „definiert"? Was macht nach Ansicht des Verfassers einen Menschen aus?)
	2. Gibt es andere Vorstellungen, den Menschen vom Tier zu unterscheiden? Erörtert diese unterschiedlichen Sichtweisen. (Vgl. etwa die Rolle der Sprache, s. Text 109)
	3. Rechtschreibung: Vergleich von *aufrecht gehen, aufrechterhalten, das Aufrechtgehen, der Aufrechtgehende*

111 Menschen und Menschenaffen

Der vermeintlich große Unterschied zwischen Menschen und Menschenaffen ist gar nicht so beträchtlich, wie man bisher annahm. Die Beweiskraft von Laborexperimenten ist zwar nach wie vor umstritten, denn die Tiere – so der Einwand – zeigten hier nur Leistungen, die der Forscher von ihnen fordere. Mittlerweile haben aber wissenschaftliche Untersuchungen im Freiland bestätigt, dass Menschenaffen von sich aus zum Beispiel mit Werkzeugen umzugehen verstehen. Und nicht nur das: Erfolgreich erprobte Verfahren geben sie an die nächste Generation weiter. In einem amerikanischen Freigehege mit halbwilden Schimpansen konnten Forscher etwas sehr Interessantes beobachten: Es gelang einem Affen, mit Hilfe eines Holzpfahles den elektrisch geladenen Drahtzaun zu überwinden und einen Baum jenseits des Geheges zu erklettern. In einer Art technischer Unterweisung demonstrierte er anschließend seinen unerfahrenen Artgenossen, wie sie den Pfahl halten müssen, um das Hindernis zu überbrücken.

Fazit: Menschenaffen sind Menschen zwar nicht ebenbürtig, aber sie sind zweifellos intelligenter, als viele Menschen glauben.

Wortzahl:	153
Rechtschreibschwerpunkte:	Zusammen- und Getrenntschreibung, s-Laute
Interpunktion:	Doppelpunkt; Komma: Konjunktionalsatz, erweiterter Infinitiv mit „zu"
Didaktisch-methodische Hinweise:	1. Vergleich des Gedankengangs und der Argumentation von Text 110 und 111
	2. Wie mag der Schimpanse sich seinen Artgenossen mitgeteilt haben? Erfindet außersprachliche Formen der Kommunikation. Vergleicht deren Leistung mit denen der Sprache. (Einordnung in eine UE „Kommunikation")
	3. Grammatik: Untersuchung von Haupt- und Nebensätzen (Analyse z.B. von Satz 2); Wiederholung der Bildung und der Funktion des Konjunktivs

Die „Sprache" der Wale — nach Hans-Heinrich Vogt

Dass viele Zahnwale, zum Beispiel Delphine, sich durch bestimmte Laute verständigen, weiß man seit langem. Jetzt zeigt sich, dass auch die Bartenwale nicht zurückstehen: Verliebte Buckelwale singen regelrechte Lieder unter Wasser. Fachleute sehen in diesen „Opern" die komplizierteste Verständigungsart des Tierreiches. Ein Team von Zoologen hat in den letzten Jahren sowohl im Atlantik als auch im Pazifik das Leben der gutmütigen Riesen verfolgt:
Im Sommer halten sich Buckelwale bevorzugt in höheren Breiten auf und suchen dort nach kleinen Krebsen. Dabei sind sie ziemlich schweigsam und beschränken ihre Lautäußerungen auf Töne, die der Echolotung dienen dürften. Während der Wintermonate aber werden vor allem die Männchen in den südlicheren Zonen sehr sangesfreudig, offenbar in der Absicht, Weibchen anzulocken. Immer wieder bringen sie die gleichen Klangfolgen, die sechs bis dreißig Minuten dauern. Tiefes Brummen wechselt mit Grunzen, Stöhnen und Kreischen. Kurz bevor sie zum Luftholen auftauchen, stoßen sie einen ganz charakteristischen knarrenden Ton aus. Die Gesänge ähneln sich, selbst wenn die Wale aus weit voneinander entfernten Gegenden des Atlantischen Ozeans stammen, denn das Grundmuster bleibt dasselbe. Ganz anders aufgebaut ist dagegen die „Sprache" der pazifischen Buckelwale.

(nach: H. H. Vogt: Verliebte Wale singen, in: Kosmos 9/1981, Franckh'sche Verlagshandlung, Stuttgart, © H. H. Vogt, Alzenau)

Wortzahl:	187
Vorgabe:	Bartenwale
Rechtschreibschwerpunkte:	Groß- und Kleinschreibung, s-Laute, Zusammen- und Getrenntschreibung
Interpunktion:	Doppelpunkt; Komma: Konjunktionalsatz
Didaktisch-methodische Hinweise:	1. Reflexion über Sprache:

- – Welche Bedingungen muss ein Verständigungsmittel erfüllen, damit wir es als „Sprache" bezeichnen können?
- – Gibt es bei uns Menschen auch außersprachliche Möglichkeiten der Verständigung? Sammelt Beispiele. Wie gut kann man sich so verständigen?

2. Diskussion/Erörterung: Wenn Tiere „sprechen" können, was unterscheidet sie dann von uns Menschen? (Einordnung in eine UE „Sprache, Denken, Sprechen")

3. Rechtschreibung: Vergleicht und begründet die Groß- bzw. Kleinschreibung „Atlantischer Ozean" und „pazifische Wale".

„Papa, unser Lehrer hat mir heute zu verstehen gegeben, dass er nicht ausschließen will, dass ich das Klassenziel unter den derzeit gegebenen Umständen möglicherweise nicht voll erreichen könnte. Er hat dabei angedeutet, dass dieses besonders im fremdsprachlichen Bereich auch durch einen Mangel an gezielten Maßnahmen meinerseits verstärkt worden sei. Außerdem hat er durchblicken lassen, auch andere Lehrer hätten ihm signalisiert, meine verbale Beteiligung sei noch außerordentlich ausbaufähig."

Der einigermaßen erschütterte Vater verlor schnell die sonst übliche Zurückhaltung. „Soll das heißen, dass du sitzen bleibst, weil du in Englisch und Latein nichts getan hast und dich insgesamt zu wenig am Unterricht beteiligst?"

„Diese Formulierung, Papa, ist sicher überspitzt. Ich würde meinen, dass die auf uns zukommenden Probleme auch durch eine sehr undifferenzierte Analyse meiner Zurückhaltung seitens der mich unterrichtenden Lehrer zu erklären ist. Natürlich übersehe ich dabei nicht, dass mir unreflektiertes Auswendiglernen von Wörtern einer fremden Sprache, die völlig beziehungslos nebeneinander stehen, nicht eben liegt."

„Du hast also zu wenig Vokabeln gelernt."

(aus: Süddeutsche Zeitung vom 1.10.1977)

Wortzahl:	162
Rechtschreibschwerpunkte:	Zusammen- und Getrenntschreibung, s-Laute, Fremdwörter
Interpunktion:	Komma: Konjunktionalsatz
Didaktisch-methodische Hinweise:	1. Erarbeitung der Formen und Mittel sprachlicher „Verschleierung", Übertragung in eindeutige Formulierungen
	2. Erörterung einzelner ausgewählter Beispiele (z.B. Interviews von und mit Politikern, Stellungnahmen von Fachleuten o. ä.) von Sprachmanipulationen: Welche Absicht verfolgen die jeweiligen Sprecher/Verfasser? Welche Wirkung tritt beim Hörer/Leser ein?
	3. Rechtschreibung: Vergleich der Schreibweise von *„sitzen bleiben" – das Sitzenbleiben, auswendig lernen – das Auswendiglernen*

Vom Wesen der Malerei

Der berühmte spanische Maler Pablo Picasso hat einmal auf die Frage, worin seiner Ansicht nach das Wesen der Malerei bestehe, geantwortet, ein Gegenstand werde erst zur Erscheinung, zum Bild, sobald er einen Betrachter gefunden habe. Denn es genüge nicht, Leinwand, Pinsel und Farbe zur Hand zu nehmen, um ein Gemälde entstehen zu lassen. Man werde zwar eine Landschaft, eine Frau oder Gegenstände malen, aber man werde kein Bild schaffen, wenn nicht die Idee eines Bildes existiere.

Man könne wohl einen Gegenstand auf völlig verschiedene Art betrachten und sich ein Bild davon machen. So könne ein Tisch von einer Bäuerin mit mehr oder weniger hauswirtschaftlichen Vorstellungen gesehen werden. Ein Tischler werde die darin steckende Arbeit, die exakte handwerkliche Ausführung und die Qualität des Holzes bemerken. Ein Poet sehe rings um den Tisch das häusliche Glück versammelt.

Außer diesen Aspekten gebe es aber etwas, das man die Uridee des Gegenstandes nennen könne. Diese Idee oder dieser Begriff liege außerhalb von beruflicher Zweckmäßigkeit oder wissenschaftlicher Überlegung. Wer beim Malen einer Flasche ihr Material zum Ausdruck bringen wolle, statt eine Einheit von farbigen Formen darzustellen, hätte besser Glaser werden sollen.

Wortzahl:	190
Vorgabe:	Pablo Picasso
Rechtschreibschwerpunkte:	Dehnung/Schärfung, gleich und ähnlich klingende Konsonanten (g-k-x)
Interpunktion:	Komma: Konjunktionalsatz, Aufzählung, erweiterter Infinitiv mit „zu"
Didaktisch-methodische Hinweise:	1. Übung der Textwiedergabe
	2. Wie definiert Picasso Kunst? Welche Betrachtungsweisen grenzt er ab? Welche Folgen hat das für die Deutung von Kunstwerken? Welche Bedeutung hat der Begriff „Bild" für Picasso?
	3. Grammatik: Untersuchung der Konjunktivformen unter Berücksichtigung der Bildung und der Bedeutung; Erarbeitung des Funktionsunterschiedes zwischen dem Indikativ, dem Konjunktiv I und dem Konjunktiv II mit Hilfe anderer Texte (z.B. journalistischer Texte, in denen Informationen und Meinungen, Reales und Irreales wiedergegeben werden)

115 Wie entsteht eine Theorie?

Das Wort „Theorie", in der Umgangssprache als Gegenbegriff zu „Praxis" („Tätigkeit") benutzt, stammt aus dem Griechischen und bedeutet „das Zuschauen". Im wissenschaftlichen Sprachgebrauch meint „Theorie" eine systematische Einordnung von Einzelbeobachtungen und Untersuchungsergebnissen in einen gedanklichen Zusammenhang. Aber wie entsteht eigentlich eine Theorie?

Ausgangspunkt ist immer eine offene Frage des betreffenden Fachgebietes, die der Wissenschaftler durch gezielte Überlegungen und durch Experimentieren einzukreisen und zu klären versucht. Er sammelt dazu planmäßig Fakten und entwickelt eine Hypothese, das heißt eine begründete Vermutung darüber, was die neu gewonnenen Erkenntnisse zur Lösung des Problems beitragen. Um nicht durch falsche Annahmen irregeleitet zu werden, muss der Forscher seine Hypothese so lange an weiteren Fakten prüfen, bis er eine lückenlose Beweiskette erstellt hat, dass seine Idee richtig ist. Haben sich seine Vorstellungen auf diese Weise zuverlässig bestätigen lassen, formuliert er das Ergebnis in einer Theorie. Er gibt damit eine allgemein gültige Antwort auf die zuvor ungelöste Frage, von der er ausgegangen war.

Wortzahl:	159
Vorgaben:	Fakten, Hypothese
Rechtschreibschwerpunkte:	Zusammen- und Getrenntschreibung, s-Laute
Interpunktion:	Komma: Relativsatz
Didaktisch-methodische Hinweise:	1. Übung der Textwiedergabe (Gliederung des Textes nach der Abfolge der gedanklichen Schritte)
	2. Übertragung: Versucht das erarbeitete Schema der Theoriebildung an einem Beispiel, etwa aus dem Physikunterricht, zu verdeutlichen.
	3. Interpunktion: Erklärt die Zeichensetzung des ersten Satzes.
	4. Rechtschreibung: Vergleicht die Schreibweise von neu eröffnet, „neu gewonnen" – er fühlte sich wie neugeboren.

116 Gentechnik auf dem Acker

nach Jost Herbig

Mehr Menschen – mehr Nahrung. Eine konsequente Forderung. Doch die herkömmlichen Rezepte zur Steigerung der Nahrungsproduktion versagen. Die fruchtbarsten Böden sind erschlossen. Erosion, Verkarstung, das Vordringen der Wüste und eine krebsartig wuchernde Zivilisation vernichten weltweit riesige Ackerflächen. Eine Intensivierung der Landwirtschaft, vor allem durch verstärkte künstliche Stickstoffdüngung, scheitert in den ärmeren Ländern an den explosionsartig gestiegenen Kosten für Erdöl und seine Produkte. Und auch die Pflanzenzüchtung, die zu den eindrucksvollen Ertragssteigerungen der Vergangenheit beigetragen hat, scheint auf Grenzen zu stoßen.

Genetische Technik und Zellbiologie versprechen nun einen Ausweg. Innerhalb weniger Jahrzehnte können sie Pflanzen gründlicher umkonstruieren, als dies in Jahrtausenden züchterischer Verbesserungen geschah.

Die Pflanzenzüchter der Zukunft arbeiten mit einzelnen Zellen. Durch mechanisches Zerkleinern und anschließende Behandlung mit speziellen Enzymen lassen sich Pflanzen in ihre Bestandteile zerlegen. Wie bei allen Lebewesen enthält der Kern jeder Zelle das genetische Steuerprogramm für den Aufbau einer neuen ganzen Pflanze. Einzelne Zellen lassen sich durch Behandlung mit Pflanzenhormonen und Nährstoffen problemlos wieder zu vollständigen Pflanzen entwickeln. Auf diesem Wege gewinnen Züchter heute schon in der kommerziellen Saatgutherstellung von Erdbeeren aus einer Mutterpflanze Tausende virusfreier, genetisch gleichartiger Nachkommen.

(aus: DIE ZEIT Nr. 40 vom 21.9.1981, © J. Herbig)

Wortzahl:	186
Vorgabe:	Enzyme
Rechtschreibschwerpunkte:	Fremdwörter, s-Laute, Groß- und Kleinschreibung
Interpunktion:	Komma: Aufzählung
Didaktisch-methodische Hinweise:	1. Wiedergabe eines Sachtextes
	2. Erörterung: Welche Chancen und Gefahren liegen in genetischen Manipulationen? (Einordnung in eine UE „Fortschritt")

Mechanische Puppen des 18. Jahrhunderts gelten allgemein als Vorläufer der Roboter. Doch selbst diese haben kaum mehr etwas gemein mit ihren Nachfahren, den Industrierobotern von heute. Etwa siebenhundert dieser unermüdlichen Helfer sollen derzeit in deutschen Industriebetrieben arbeiten. Sie vollführen immer die gleichen einprogrammierten Bewegungen. Tag für Tag und meistens auch Nacht für Nacht werkeln sie ohne Pause; denn ein so teurer Roboter wird nicht angeschafft, damit er nach acht Stunden Beschäftigung nutzlos ruht. Dass er jederzeit einsetzbar ist, dass er keine privaten Sorgen kennt, dass er, einmal eingestellt, einwandfrei und verlässlich funktioniert: das alles hat den Roboter zu einem geschätzten Mitarbeiter werden lassen.

Intelligent jedoch sind Industrieroboter nicht, sie sind immer gerade so klug wie das Programm, das sie steuert. Die Palette der Anwendungsgebiete ist recht groß: Bei Autoherstellern beispielsweise kommt das Schweißen genauso in Frage wie das Auftragen von Unterbodenschutz oder das Sprühen oder Spritzen von Farbe. Roboter werden vorwiegend dort eingesetzt, wo körperlich schwere oder gefährliche Arbeit erledigt werden muss. Sie lassen sich weder vom Lärm in der Fabrikhalle noch von giftigen Gasen beeindrucken, wie sie etwa beim Lackieren entstehen.

So gesehen leisten Roboter ihren Beitrag zu einem humanen Arbeitsplatz.

Wortzahl:	193
Rechtschreibschwerpunkte:	Groß- und Kleinschreibung, s-Laute, Zusammen- und Getrenntschreibung
Interpunktion:	Doppelpunkt; Komma: Satzreihe, Konjunktionalsatz
Didaktisch-methodische Hinweise:	1. Kann der Roboter einen Beitrag zu einem „humanen Arbeitsplatz" leisten? Welche Chancen und Risiken liegen in dem Prozess der Automatisierung?
	2. Vergleich mit literarischen Umsetzungen dieses Themas (z.B. Hermann Kasack, Mechanischer Doppelgänger): Arbeitet die formalen und inhaltlichen Unterschiede heraus. Analysiert die Verfasserintention.
	3. Reflexion über Sprache: Vergleicht „*sie haben etwas gemein mit ihren Nachfahren*" – *du bist gemein*.

Es ist unbestreitbar: Alkohol, in größeren Mengen genossen, wirkt wie ein starkes Gift, das fast alle Organe schädigt. Nicht nur die Leber, wie man allgemein glaubt, wird betroffen, auch das Nervensystem, die Speiseröhre, der Kehlkopf, die Bauchspeicheldrüse, das Herz und das gesamte Immunsystem werden hart attackiert. Wer es sich also zur Gewohnheit macht, Entspannung durch einen vermeintlich harmlosen Griff zur Flasche zu suchen, riskiert Schluck für Schluck sein Leben.

Doch nur wenige Bürger – etwa fünfzehn bis zwanzig Prozent – leben völlig abstinent. Alle anderen, Erwachsene und in zunehmendem Maße auch Jugendliche, konsumieren Alkohol in mehr oder minder großen Mengen. Über eine Million Bundesbürger müssen sogar als alkoholkrank bezeichnet werden. Bei der Entstehung der häufigsten Alkoholkrankheit, der Leberzirrhose, ließ sich ein eindeutiger Zusammenhang zwischen der Dauer und dem Ausmaß des Alkoholverbrauchs nachweisen; denn die biochemischen Mechanismen konnten mittlerweile weitgehend ermittelt werden: Alkohol wird in der Leber zu Fett umgewandelt und in dieser Form verlangsamt an das Blut abgegeben. Bei einem regelmäßigen Trinker „verfettet" die Leber allmählich, da der Alkoholabbau nur sehr zögernd im Körper erfolgt. Aus einer solchen Fettleber entsteht schließlich die lebensbedrohende Zirrhose, die chronische Leberentzündung mit nachfolgender Schrumpfung des Organs.

Wortzahl:	191
Vorgabe:	Zirrhose, abstinent
Rechtschreibschwerpunkte:	gleich und ähnlich klingende Konsonanten (v-f-pf, g-k, d-t), s-Laute, Fremdwörter, Zusammen- und Getrenntschreibung
Interpunktion:	Doppelpunkt; Komma: Aufzählung, Apposition
Didaktisch-methodische Hinweise:	1. Verfasst einen Artikel für die Schülerzeitung gegen den Alkoholkonsum. Welche Textsorte würdet ihr wählen? Überlegt, welche Wirkung die unterschiedlichen Textsorten haben könnten.
	2. Grammatik/Reflexion über Sprache: a) In der Pressemeldung wurde die Meinung von Experten wiedergegeben. Formt den Text so um, dass deutlich wird, dass es sich um die Wiedergabe von etwas Gehörtem handelt. (Beispiel: „Auf der Tagung wurde herausgestellt, dass ..." – Anwendung des Konjunktivs) b) Untersucht die Passivkonstruktionen des Textes. (Bildung, Funktion, Stil)

nach Wilfried Beuerle

In schnellem Flug jagt die Fledermaus durch die Dunkelheit. In kurzen Abständen stößt sie schrille, für Menschen unhörbare Peillaute aus. Am zurückkommenden Echo erkennt sie Hindernisse auf ihrer Flugbahn. Auch kleine Gegenstände kann sie mit dem „Echolot" wahrnehmen. Mit tödlicher Sicherheit greift sie fliegende Insekten, obwohl sie sie nicht sehen kann.

Nur Nachtfalter haben eine Chance: Sie tragen einen dichten Pelz, der die Peillaute der Fledermäuse stark abschwächt. Trotzdem könnten sie dem scharfen Gehör ihrer Gegner nicht entkommen, wenn sie nicht komplizierte Abwehrsysteme entwickelt hätten. Die Falter haben am Ende ihres Brustabschnittes ein haariges Gehörorgan, mit dem sie die Peillaute der anfliegenden Fledermäuse hören können. Sie weichen dem gegnerischen Angriff dann durch Hakenschlagen und Spiralflüge aus. Wissenschaftler haben festgestellt, dass Nachtfalter sogar selbst Ultraschalllaute abgeben, sobald sie im Peilstrahl einer Fledermaus fliegen. Wahrscheinlich stören diese Laute das Echo, das die Fledermaus von ihrer Beute wahrnimmt. Sie verliert die Orientierung und kann den ausweichenden Falter nicht verfolgen.

Durch den Einsatz solcher Störsender sind manche Falter den Fledermäusen im „Nachtgefecht" ebenbürtig.

(aus: Der kleine Tierfreund, Heft 7/1969, © W. Beuerle)

Wortzahl:	170
Vorgabe:	Echolot
Rechtschreibschwerpunkte:	Dehnung/Schärfung, s-Laute, Zusammen- und Getrenntschreibung
Interpunktion:	Komma: Relativsatz, Konjunktionalsatz
Didaktisch-methodische Hinweise:	1. Untersuchung der sprachlichen Gestaltung des Textes (vgl. die Metaphorik *„Nachtgefecht"*, *„Abwehrsysteme"*, *„Angriff"* u.a.)
	2. Rechtschreibung: Vergleich der Schreibweise von *wahrnehmen, wahrhaben – wahr machen*
	3. Grammatik: Übung/Wiederholung der Deklination (*„in schnellem Flug"*, *„am zurückkommenden Echo"*, *„dem gegnerischen Angriff"*)

120 Das Schwärmen der Bienen

So vertraut uns die Biene als Honiglieferant scheint, so vieles Wissenswerte über dieses staatenbildende Insekt ist den meisten noch unbekannt. Naturforscher dagegen interessieren sich schon seit langem für das Verhalten und das komplizierte Zusammenleben dieser faszinierenden Tiere. Sie haben zum Beispiel herausgefunden, wie das Überleben des Bienenstaates zur Zeit des Schwärmens gesichert wird.

Während in wärmeren Klimazonen die Bienen das ganze Jahr über schwärmen, je nach Versorgungslage, schwärmen sie in unseren Breiten nur im Frühjahr. Dann verlässt ein Teil des Bienenvolkes, geleitet von einer Königin, wie auf Kommando die alte Behausung, um für alle nach neuen Nahrungsquellen und nach einer neuen Bleibe zu suchen. Der größte Teil des Volkes muss zurückbleiben und auf eine Nachricht der Schwärmenden warten.

Die Wissenschaftler beschäftigte unter anderem die Frage, wie Bienen sich untereinander verständigen, und sie konnten nachweisen, dass die „Sprache" der Bienen eine Art Tanz ist, der Auskunft über die Lage und die Qualität eines Futterplatzes gibt; ebenso kann ein Tanz der Schwarmbienen den anderen mitteilen, wo der neue Unterschlupf liegt.

Warum fliegt aber zunächst nur ein Teil des Volks aus? Würden alle gleichzeitig schwärmen, bestände die Gefahr, dass die alten Nahrungsreserven zu rasch aufgezehrt würden, um für Nachschub sorgen zu können. Deshalb verharren die meisten Bienen im Stock in energiesparender Ruhestellung, bis die schwärmenden Artgenossen ein neues Quartier ausgekundschaftet haben. Dort werden, sobald das gesamte Volk umgezogen ist, emsig Vorräte für die kalte Jahreszeit angelegt.

Wortzahl:	237
Rechtschreibschwerpunkte:	Groß- und Kleinschreibung, Zusammen- und Getrenntschreibung, gleich und ähnlich klingende Konsonanten (g-k-qu, f-v-pf, d-t)
Interpunktion:	Komma: erweiterter Infinitiv mit „zu", indirekter Fragesatz, Konjunktionalsatz
Didaktisch-methodische Hinweise:	1. Wiedergabe eines Sachtextes
	2. Worin besteht der Unterschied zwischen Sprache und außersprachlicher Kommunikation (z.B. Bienentanz)? (Einordnung in eine UE „Kommunikation")
	3. Rechtschreibung: Vergleich der Schreibweise von *die meisten, der Einzelne, der Beste, viele, alles andere, dies ist etwas ganz Anderes*

121 Die Antarktis

nach einer Pressemeldung

Die Antarktis war bislang der einsamste, kälteste, trockenste, windigste und unzugänglichste Teil der Erde. Die Stille im Land des Eises, der Pinguine, der Wale und Robben könnte aber bald gestört werden, denn die Antarktis birgt Reichtümer: Forscher vermuten, dass unter den Tausenden von Metern Eis, die immerhin 98 Prozent des Landes bedecken, riesige Lager an Bodenschätzen und Öl liegen. Einige Gebiete lassen ein ähnlich großes Potential an Öl, Gas und sonstigen Rohstoffen vermuten wie jene anderer Kontinente, in denen heute Öl im Überfluss gefunden wird. Das einstige Paradies für wissenschaftliche Arbeit, für friedliche internationale Kooperation und nicht zuletzt für alle dort lebenden Tiere droht nun ein Pulverfass zu werden, das durch den Wettlauf zu diesen Bodenschätzen zur Explosion gebracht werden kann.

Bis vor kurzem war an eine Ausbeutung wegen des extrem rauen Klimas und der widrigen Umstände nicht zu denken; heute jedoch, nachdem der Energiebedarf und die Rohstoffpreise so enorm gestiegen sind, wird ein Abbau immer attraktiver. Die Entwicklung neuer Fördertechniken lässt jedenfalls die antarktischen Bodenschätze nicht mehr unerreichbar erscheinen.

So ist es nur verständlich, dass Umweltschützer weltweit misstrauisch zur Antarktis schauen, weil sie befürchten, dass dort nun das letzte Fleckchen unberührter und unverschmutzter Natur gefährdet ist. Ein Konflikt zwischen den Interessen von Wirtschaft und Umweltschutz bahnt sich zwangsläufig an.

Wortzahl:	212
Rechtschreibschwerpunkte:	s-Laute, Dehnung/Schärfung, gleich und ähnlich klingende Konsonanten (v-f, d-t, g-k), Fremdwörter
Interpunktion:	Komma: Aufzählung, Relativsatz, Konjunktionalsatz
Didaktisch-methodische Hinweise:	1. Sachtextwiedergabe; Vergleich mit einem Sachtext aus dem Erdkundebuch zum Thema „Antarktis"
	2. Diskussion/Erörterung: Welcher Konflikt bahnt sich hier an? Stellt die Positionen und die Argumente sachlich gegenüber und diskutiert sie. (Einordnung in eine UE „Fortschritt/Umwelt")

Heuschrecken

Heuschreckenschwärme zählen heute noch ebenso wie in biblischen Zeiten zu den gefürchtetsten Plagen in Afrika. Wenn ein solcher Schwarm das Land überfliegt, wenn Millionen und Abermillionen dieser an sich harmlosen Grashüpfer die Sonne verdunkeln, wird nahezu alles Fressbare vernichtet. Selbst kleinere Tiere werden Opfer dieser gigantischen Gefräßigkeit, und größere, die noch flüchten konnten, müssen ums Überleben kämpfen, da sie kaum mehr Nahrung finden. Zurück bleibt eine verwüstete, ausgestorbene Landschaft mit kahl gefressenen Weidegebieten und Gehölzen, mit umgestürzten Bäumen, die unter der Last der zahllosen Heuschrecken zusammengebrochen waren, mit zerstörten Feldern. Hungerkatastrophen für Mensch und Tier drohen.

Wieso entstehen von Zeit zu Zeit die riesigen Schwärme? Entscheidend sind die klimatischen Voraussetzungen: Es muss feuchtwarm sein. Wenn nun viele Heuschrecken schlüpfen können, wenn das Nahrungsangebot ausreichend und die Anzahl der natürlichen Feinde, der Vögel, gering ist, kann innerhalb von Wochen eine explosionsartige Vermehrung stattfinden. Den zunächst noch relativ ungefährlichen Grashüpfern wachsen Flügel, so dass sie ihr Schlupfgebiet bald verlassen und, sofern die Witterungsbedingungen weiterhin günstig sind, auf Nahrungssuche ausschwärmen können. Zu einem voll entwickelten Schwarm gehören rund eine Milliarde Heuschrecken, deren Futterbedarf so immens ist, dass sogar die einstigen Feinde zu Verfolgten werden. Neuerdings versucht man, die Heuschrecken mit Gift zu bekämpfen, das von Flugzeugen versprüht wird. Allerdings sind die Nebenwirkungen beträchtlich, denn auch andere Tiere gehen durch diese Insektizide zugrunde.

Wortzahl:	220
Vorgaben:	Insektizide, immens
Rechtschreibschwerpunkte:	Zusammen- und Getrenntschreibung, Groß- und Kleinschreibung, s-Laute
Interpunktion:	Komma: Konjunktionalsatz, Aufzählung, Relativsatz, Satzreihe, vor „und"
Didaktisch-methodische Hinweise:	1. Wiedergabe eines Sachtextes
	2. Erörterung/Argumentation: Sollte der Mensch so gezielt wie bei der Heuschreckenplage in die Natur eingreifen?
	3. Grammatik/Interpunktion: Analysiert den Satzbau des Textes.

123 Das Moor

Noch im vorigen Jahrhundert war Niedersachsen zu einem Sechstel von unwegsamen Sümpfen und Morasten bedeckt. Und auch in den Tälern und Flussniederungen Bayerns und Schwabens prägten riesige Feuchtgebiete das Land und seine Menschen. Niedermoore entstehen aus abgestorbenen Bäumen, Schilfen und Binsen, die in Sümpfen und verlandenden Seen – durch das Wasser vom Sauerstoff der Luft abgeschnitten – nicht verrotten können und sich so zu Torf stapeln.

Hochmoore, die heute überwiegen und sich in Norddeutschland oft auf Niedermooren ansiedelten, sind zwar triefend nass, stehen aber nicht mit dem Grundwasser in Verbindung. Sie setzen sich vor allem aus wurzellosen Torfmoosen zusammen. Der meterdicke, zur gleichen Zeit oben wuchernde und unten sterbende Rasen, den die Torfmoose bilden, nimmt in seinen Speicherzellen das Dreißigfache des Zellgewichts an Regenwasser auf. Von den Bauern werden diese vollgesogenen Schwämme Unland genannt.

Dieses Unland ist ein Geschichtsbuch der Erde.

Weil ein Hochmoor außer Eisen fast alles konserviert, was hineinfällt, liest ein Archäologe im Torfstich wie in einem Buch. Mit Lupe und Mikroskop forschen die Moordetektive im Torfschlamm nach den Spuren der Vergangenheit. Sie analysieren Pollen, fügen Tausende von Jahresringen hölzerner Moorfunde zu Chronologien bis in die Eiszeit zusammen oder bestimmen das Alter von Holzfunden aus der restlichen Radioaktivität des darin enthaltenen Kohlenstoffs. Sie rekonstruieren so die Geschichte eines unserer letzten Naturreservate.

(nach: K. Krüger: Mord im Moor, in: GEO 8/1978, Verlag Gruner & Jahr, Hamburg)

Wortzahl:	213
Vorgaben:	Archäologe, Chronologien
Rechtschreibschwerpunkte:	Zusammen- und Getrenntschreibung, Groß- und Kleinschreibung, s-Laute
Interpunktion:	Komma: Aufzählung, Relativsatz
Didaktisch-methodische Hinweise:	1. Wiedergabe eines Sachtextes
	2. Verfasst ein Referat zum Thema „Das Moor und seine Kultivierung heute". Überlegt zuerst: Was ist das Ziel des Referats? Wie bekomme ich die notwendigen Informationen? Wie gliedere ich das Referat?
	3. Erörterung/Argumentation: „Das Moor – nutzloses Land oder natürliches Paradies?"

124 Ostfriesland

nach Rainer Joedecke

Auch wenn man heute nicht mehr täglich mit den Füßen im Wasser steht, den Fremden befällt leicht Trostlosigkeit hier, ein Gefühl der Verlorenheit auf diesem platten, grünen Teller ohne Rand, mit einem überdimensionalen Himmel darüber, der einem ständig auf den Kopf zu fallen droht. Das Auge verliert sich am Horizont, findet keinen Punkt, um sich auszuruhen. Das lauschige Plätzchen für den müden Leib, um sich auszustrecken im Grünen, gibt es ebenso wenig. Das wäre so gemütlich wie auf einer Luftmatratze im Atlantik.

Wenn die Ostfriesen trotzdem so leidenschaftlich an diesem unwirtlichen Flecken hängen, so liegt das wohl zum einen an all der Arbeit, die sie aufgewendet haben, um diese Wüste – halb Land, halb Meer – bewohnbar zu machen, und zum anderen wohl an eben dieser Monotonie der Landschaft. Ich kann mir vorstellen, dass man danach süchtig wird, so dass schließlich der kleinste Hügel das Auge verletzt und Bäume als lästige Sichtbehinderung empfunden werden. Man duldet sie nur als Windschutz. Wo sie diese Funktion nicht erfüllen, werden sie unbarmherzig abgeholzt, allen Naturschützern zum Trotz.

„Ich muss mein Land sehen!", sagt der Bauer hier.

Schlichtes Land, schlichte Menschen. Es sieht alles so simpel aus auf den ersten Blick, so einfach und durchschaubar, dass man nichts Aufregenderes hinter dem Ganzen vermutet als eben einen urwüchsigen Zustand von Menschen und Natur.

(nach: R. Joedecke: Geschlossene Gesellschaft, in: GEO 10/1978, Verlag Gruner & Jahr, Hamburg)

Wortzahl:	217
Rechtschreibschwerpunkte:	Groß- und Kleinschreibung, Dehnung/Schärfung
Interpunktion:	Komma: Relativsatz, Aufzählung, erweiterter Infinitiv mit „zu", Konjunktionalsatz
Didaktisch-methodische Hinweise:	1. Untersucht den Stil des Textes. Wie steht der Verfasser zu der Landschaft, die er hier beschreibt?
	2. Erarbeitung der Kriterien einer Landschaftsbeschreibung oder einer Schilderung (Hier bieten sich Vergleiche unterschiedlicher Schreibhaltungen, Textsorten oder künstlerischer Gestaltungsformen – z.B. Landschaftsmalerei – an, evtl. könnten die Schüler Landschaften malen oder fotografieren und mit entsprechenden Versprachlichungen konfrontieren.)

Flug über den Atlantik nach Rudolf Braunburg

Die letzten Inselklippen Europas liegen gischtumtost vor uns. Gischt, aus dieser Höhe sichtbar, deutet auf Orkan hin. Trotzdem liegt unsere Maschine ruhig wie ein Brett – keine Verwirbelung wie in Erdnähe. In der Seefahrt gilt der Nordatlantik als eines der gefürchtetsten Schlechtwettergebiete – wegen der stürmischen Tiefdruckgebiete und der Eisberge-Gefahr in nördlichen Breiten. Für die Jet-Luftfahrt dagegen gehört das Nordatlantikwetter zu den harmlosesten, da die Wolken wegen der durchweg kühlen und ausgeglichenen Lufttemperatur kaum an die Reiseflughöhe heranreichen. Erst bei Küstenannäherung oder über dem Sankt-Lorenz-Golf, wo der Jetstream mit seinen Sturmgeschwindigkeiten von bis zu 250 km/h plötzlich die Richtung wechselt, treten Turbulenzen auf.

Jetzt, zwischen dem 20. und 50. Längengrad, sind alle irdischen Bezugspunkte geschwunden. In unserer Reisehöhe trübt blasser Cirrus den Horizont und umhängt die Sonne mit einem Dunst, der nur matt Regenbogenfarben ahnen lässt. In dieser diffusen Helligkeit hängt das Flugzeug wie ein in Bernstein gefangenes Insekt. Hätten wir die Zahlenangaben der Instrumente nicht – wir könnten schwören, reglos in der Endlosigkeit erstarrt zu sein.

(nach: R. Braunburg: Flug 492 – Mit einer DC-10 von Kontinent zu Kontinent, in: GEO 12/1979, Verlag Gruner & Jahr, Hamburg)

Wortzahl:	167
Vorgaben:	Sankt-Lorenz-Golf, Jetstream, Cirrus
Rechtschreibschwerpunkt:	Zusammen- und Getrenntschreibung
Interpunktion:	Gedankenstrich
Didaktisch-methodische Hinweise:	1. Analyse der sprachlichen Gestaltung (Vergleiche, Metaphern)
	2. Vergleich mit anderen Flugberichten (z.B. aus Max Frisch, Homo Faber)
	3. Rechtschreibung: Überprüft anhand des Dudens die Verwendung des Bindestrichs in „Eisberge-Gefahr", „Jet-Luftfahrt", „Sankt-Lorenz-Golf".

126 Im Korallenriff

nach Hans W. Fricke

Seit vielen Jahren beschäftigt mich die Frage, wie die Lebewesen des Korallenriffs Nahrung, Versteck- und Heimplätze nutzen und teilen. Dazu sind Beobachtungen rund um die Uhr nötig. Die größeren Bewohner der näheren Umgebung des Unterwasserhauses erkenne ich inzwischen; ich bin überrascht, wie unterschiedlich ihre Schlaf- und Ruhepositionen sind. Ein großer Zackenbarsch mit schartiger Schnauze – die Folge eines Kampfes mit einem Artgenossen – verkriecht sich jede Nacht in derselben Spalte und verharrt dort immer in der gleichen Position: Der Kopf ist schräg gegen eine Koralle gelehnt, der lange, gefächerte Schwanz ragt zehn Zentimeter aus der Spalte heraus: Es reizt mich, doch einmal an der Schwanzflosse zu zupfen. Ein schlafender Fisch nimmt das nicht übel. Leuchte ich jedoch mit meiner Lampe zu lange in die Spalte hinein, wacht der Barsch auf, verfärbt sich und schwimmt benommen heraus.

In der Nacht erscheinen Tiere, die wir tagsüber nie zu Gesicht bekommen: riesige Seefedern, lederartige gefiederte Geschöpfe. Sie schießen wie Pilze aus dem Boden, wenn das Licht abnimmt. Auf den Seefedern sitzen kleine Krebse; sie fischen von diesem „Hochsitz" mit ihrem großen Fächer besonders gut Plankton.

Viele wirbellose Tiere haben sich genau wie diese Krebse darauf spezialisiert, in der Nacht auf Planktonfang zu gehen. Die Fische, die tagsüber Jagd auf dieses wichtigste „Grundnahrungsmittel" der Meere machen, schlafen dann: Sie liegen am Boden, lassen sich träge im Wasser treiben oder graben sich in den Sand ein.

(nach: H. W. Fricke: Und über mir die Fische, in: GEO 12/1978, Verlag Gruner & Jahr, Hamburg)

Wortzahl:	231
Vorgabe:	Plankton
Rechtschreibschwerpunkte:	Zusammen- und Getrenntschreibung, Groß- und Kleinschreibung (u.a. nach einem Doppelpunkt)
Interpunktion:	Semikolon; Doppelpunkt; Komma: Aufzählung, erweiterter Infinitiv mit „zu", Relativsatz
Didaktisch-methodische Hinweise:	1. Wiedergabe eines Sachtextes
	2. Erarbeitung der Elemente von Schilderung und Beschreibung, Anwendung auf den diktierten Text (Schreibhaltung, sprachliche Mittel, Aufbau)
	3. Rechtschreibung: Bindestrich als Ergänzungszeichen („*Versteck- und Heimplätze*", „*Schlaf- und Ruhepositionen*")

127 Lesen und Fernsehen

Joachim Braun

Der Vorgang des Lesens bedeutet, dass Zeichen umgesetzt werden müssen in Worte und in Sprache, die dann beim Leser ganz eigene, durch die persönliche Phantasie ausgeschmückte Bilder und Assoziationen hervorrufen. Ein als „gut aussehend" beschriebener Mensch in einem Text wird sich wahrscheinlich in ein Bild umsetzen, das der individuellen Vorstellung von „gut aussehend" entspricht. Damit bleibt im Wesentlichen die individuelle Vorstellungswelt des Lesers erhalten. Bei den audio-visuellen Medien ist jedoch nicht nur der Verstehensprozess erheblich vereinfacht, da ja die Sprache nicht mehr umgesetzt werden muss und gleichzeitig für viele Beschreibungen, die im Text notwendig sind, direkt das Bild zur Verfügung steht, sondern die beschriebene Person oder der Ort, an dem die Handlung stattfindet, werden gleichzeitig als feststehendes, konkretes Bild präsentiert. Damit ist nicht mehr derjenige „gut aussehend", der in der Erfahrungswelt des Rezipienten mit einem solchem Attribut bezeichnet werden könnte, sondern es ist eben der Mensch gut aussehend, der von den Fernseh- bzw. Filmproduzenten als solcher empfunden wird. Damit wird der individuelle Spielraum begrenzt, und es findet eine Art „Normierung" statt; eine Gruppe von Rezipienten, die im Wesentlichen ähnliche Filme sehen, werden in ihrem Geschmack, in ihren Normen usw. immer mehr einander angeglichen.

(aus: J. Braun: Wozu erziehen die Medien, hgg. von der Landesarbeitsgemeinschaft der Freien Wohlfahrtspflege, Hannover 1980/81)

Wortzahl:	193
Vorgaben:	audio-visuell, Rezipient
Rechtschreibschwerpunkte:	Zusammen- und Getrenntschreibung, Fremdwörter, s-Laute
Interpunktion:	Komma: Relativsatz, Konjunktionalsatz, Aufzählung
Didaktisch-methodische Hinweise:	1. Welche Anforderungen werden an den Leser gestellt? Wie wirkt dagegen das Bild des Fernsehens auf den Rezipienten? Erläutert das im Text angeführte Beispiel.
	2. Welche anderen Wirkungen kann ein erhöhter Fernsehkonsum haben? Berücksichtigt dabei eure eigenen Erfahrungen.
	3. Staatliches Fernsehen oder Privatfernsehen? Diskutiert die Vor- und Nachteile und mögliche Folgen.
	4. Rechtschreibung: Vergleicht die Schreibweise von *gutartig* – „gut aussehend", „ein feststehendes Bild" – die *Blumen werden fest gebunden*.

Peter Weiss

In den Büchern trat mir das Leben entgegen, das die Schule vor mir verborgen hatte. In den Büchern zeigte sich mir eine andere Realität des Lebens als die, in die meine Eltern und Lehrer mich pressen wollten. Die Stimmen der Bücher forderten mein Mittun, die Stimmen der Bücher forderten, daß ich mich öffnete und auf mich selbst besann. Ich stöberte in der Bibliothek meiner Eltern. Das Lesen dieser Bücher war mir verboten, ich mußte die Bücher heimlich entwenden und die Lücken sorgsam ausgleichen, meine Lektüre fand unter der Bettdecke statt, beim Schein der Taschenlampe, oder im Klosett oder unter der Tarnung von Schulbüchern. Das Chaos in mir von unausgegorenen Sehnsüchten, von romantischen Verstiegenheiten, von Ängsten und wilden Abenteuerträumen wurde aus unzähligen Spiegeln auf mich zurückgeworfen, ich bevorzugte das Anrüchige, Zweideutige, Düstere, suchte nach Schilderungen des Geschlechtlichen, verschlang die Geschichten von Kurtisanen und Hellsehern, von Vampiren, Verbrechern und Wüstlingen, und wie ein Medium fand ich zu den Verführern und Fantasten und lauschte ihnen in meiner Zerrissenheit und Melancholie.

(aus: P. Weiss: Abschied von den Eltern, © Suhrkamp Verlag, Frankfurt/M. 1974)

Wortzahl:	168
Vorgaben:	Kurtisanen, Melancholie
Rechtschreibschwerpunkte:	Groß- und Kleinschreibung, s-Laute, gleich und ähnlich klingende Konsonanten (g-k-ch)
Interpunktion:	Komma: Relativsatz, Satzreihe, Aufzählung, vor „und"
Didaktisch-methodische Hinweise:	1. Dieser Text wurde aus lizenzrechtlichen Gründen nicht in reformierter Rechtschreibung abgedruckt. Methodisch bietet sich hier eine gemeinsame Umarbeitung an.
	2. „... wie ein Medium fand ich zu den Verführern ..." – Deutet diesen Vergleich im Textzusammenhang.
	3. Vergleicht diesen Text mit anderen Lesererfahrungen (s. Text 129).
	4. Verfasst einen Aufsatz zum Thema „Was bedeutet mir Lesen?".

129 Lesen

Karl Philipp Moritz

Durch das Lesen war ihm nun auf einmal eine neue Welt eröffnet, in deren Genuss er sich für all das Unangenehme in seiner wirklichen Welt einigermaßen entschädigen konnte. Wenn nun rund um ihn her nichts als Lärmen und Schelten und häusliche Zwietracht herrschte oder er sich vergeblich nach einem Gespielen umsah, so eilte er hin zu seinem Buche.

So ward er schon früh aus der natürlichen Kinderwelt in eine unnatürliche idealistische Welt verdrängt, wo sein Geist für tausend Freuden des Lebens verstimmt wurde, die andere mit voller Seele genießen können.

(aus: K. Ph. Moritz: Anton Reiser)

Wortzahl:	91
Rechtschreibschwerpunkt:	Groß- und Kleinschreibung
Interpunktion:	Komma: Relativsatz
Didaktisch-methodische Hinweise:	1. Deutung und Erörterung der hier dargestellten Position (Lesemotivation, Wirkung des Lesens)
	2. Vergleich mit Text 128

Romeo und Julia auf dem Dorfe Gottfried Keller

Diese Geschichte zu erzählen würde eine müßige Nachahmung sein, wenn sie nicht auf einem wirklichen Vorfall beruhte, zum Beweise, wie tief im Menschenleben jede jener Fabeln wurzelt, auf welche die großen alten Werke gebaut sind. Die Zahl solcher Fabeln ist mäßig; aber stets treten sie in neuem Gewande wieder in die Erscheinung und zwingen alsdann die Hand, sie festzuhalten.

An dem schönen Flusse, der eine halbe Stunde entfernt an Seldwyl vorüberzieht, erhebt sich eine weit gedehnte Erdwelle und verliert sich, selber wohl bebaut, in der fruchtbaren Ebene. Fern an ihrem Fuße liegt ein Dorf, welches manche große Bauernhöfe enthält, und über die sanfte Anhöhe lagen vor Jahren drei prächtige, lange Äcker weit hingestreckt gleich drei riesigen Bändern nebeneinander. An einem sonnigen Septembermorgen pflügten zwei Bauern auf zweien dieser Äcker, und zwar auf jedem der beiden äußersten; der mittlere schien seit langen Jahren brach und wüst zu liegen, denn er war mit Steinen und hohem Unkraut bedeckt, und eine Welt von geflügelten Tierchen summte ungestört über ihm [...]

Wortzahl:	172
Vorgabe:	Seldwyl
Rechtschreibschwerpunkt:	Zusammen- und Getrenntschreibung
Interpunktion:	Komma: vor „und", Relativsatz, Aufzählung
Didaktisch-methodische Hinweise:	1. Wie beginnt der Verfasser die Novelle? Untersucht das Verhältnis zwischen dem Erzähler und seinem Leser.
	2. Fortsetzung der Lektüre; Erarbeitung des Expositionscharakters
	3. Rechtschreibung:
	a) Begründet die Kleinschreibung von „*der beiden äußersten*", „*der mittlere*".
	b) Vergleicht die Schreibweise von „*sie festzuhalten*" – *Er versuchte sich an der Leiter fest zu halten.*

Theodor Fontane

Im Norden der Grafschaft Ruppin, hart an der mecklenburgischen Grenze, zieht sich von dem Städtchen Gransee bis nach Rheinsberg hin (und noch darüber hinaus) eine mehrere Meilen lange Seenkette durch eine menschenarme, nur hie und da mit ein paar alten Dörfern, sonst aber ausschließlich mit Förstereien, Glas- und Teeröfen besetzte Waldung. Einer der Seen, die diese Seenkette bilden, heißt „der Stechlin". Zwischen flachen, nur an einer einzigen Stelle steil und kaiartig ansteigenden Ufern liegt er da, rundum von alten Buchen eingefasst, deren Zweige, von ihrer eigenen Schwere nach unten gezogen, den See mit ihrer Spitze berühren. Hier und da wächst ein weniges von Schilf und Binsen auf, aber kein Kahn zieht seine Furchen, kein Vogel singt, und nur selten, dass ein Habicht drüber hinfliegt und seine Schatten auf die Spiegelfläche wirft. Alles still hier.

Und doch, von Zeit zu Zeit wird es an ebendieser Stelle lebendig. Das ist, wenn es weit draußen in der Welt, sei's auf Island, sei's auf Java, zu rollen und zu grollen beginnt oder gar der Aschenregen der hawaiischen Vulkane bis weit auf die Südsee hinausgetrieben wird. Dann regt sich's auch hier, und ein Wasserstrahl springt auf und sinkt wieder in die Tiefe. Das wissen alle, die den Stechlin umwohnen, und wenn sie davon sprechen, so setzen sie wohl auch hinzu: „Das mit dem Wasserstrahl, das ist nur das Kleine, das beinah Alltägliche, wenn's aber draußen was Großes gibt, wie vor hundert Jahren in Lissabon, dann brodelt's hier nicht bloß und sprudelt und strudelt, dann steigt statt des Wasserstrahls ein roter Hahn auf und kräht laut in die Lande hinein."

Das ist der Stechlin, der See Stechlin.

Aber nicht nur der See führt diesen Namen, auch der Wald, der ihn umschließt. Und Stechlin heißt ebenso das lang gestreckte Dorf, das sich, den Windungen des Sees folgend, um seine Südspitze herumzieht. Etwa hundert Häuser und Hütten bilden hier eine lange, schmale Gasse, die sich nur da, wo eine von Kloster Wutz heranführende Kastanienallee die Gasse durchschneidet, platzartig erweitert. An ebendieser Stelle findet sich denn auch die ganze Herrlichkeit von Dorf Stechlin zusammen: das Pfarrhaus, die Schule, das Schulzenamt, der Krug, dieser letztere zugleich ein Eck- und Kramladen mit einem kleinen Mohren und einer Girlande von Schwefelfäden in seinem Schaufenster. [...]

Wortzahl:	136 (1. Teil), 137 (2. Teil), 101 (3. Teil)
Vorgabe:	Ruppin, Gransee, Rheinsberg, hawaiisch, Wutz, Schulzenamt
Rechtschreibschwerpunkte:	Zusammen- und Getrenntschreibung, Groß- und Kleinschreibung, s-Laute
Interpunktion:	Komma: Partizipialsatz, Relativsatz, Konjunktionalsatz
Didaktisch-methodische Hinweise:	1. Deutung dieses Romananfangs (Beschreibung des Ortes, Wirkung auf den Leser, Erzählhaltung)
	2. Vergleich mit anderen Romananfängen (Beschreibt deren Aufbau und Funktion.)
	3. Rechtschreibung:
	a) Verwendung des Apostrophs (Vergleicht die Schreibweise von „sei's" – „wenn's" – „was Großes" – das ist mal was anderes – er schleicht ums Haus.)
	b) Vergleich der Schreibweise von „an ebendieser Stelle" – ebendort – ebenso schnell wie – ebenso viel

Die Verwirrungen des Zöglings Törleß Robert Musil

Eine kleine Station an der Strecke, welche nach Russland führt.

Endlos gerade liefen vier parallele Eisenstränge nach beiden Seiten zwischen dem gelben Kies des breiten Fahrdammes; neben jedem wie ein schmutziger Schatten der dunkle, von dem Abdampfe in den Boden gebrannte Strich.

Hinter dem niedrigen, ölgestrichenen Stationsgebäude führte eine breite, ausgefahrene Straße zur Bahnhofsrampe herauf. Ihre Ränder verloren sich in dem ringsum zertretenen Boden und waren nur an zwei Reihen Akazienbäumen kenntlich, die traurig mit verdursteten, von Staub und Ruß erdrosselten Blättern zu beiden Seiten standen.

Machten es diese traurigen Farben, machte es das bleiche, kraftlose, durch den Dunst ermüdete Licht der Nachmittagssonne: Gegenstände und Menschen hatten etwas Gleichgültiges, Lebloses, Mechanisches an sich, als seien sie aus der Szene eines Puppentheaters genommen. Von Zeit zu Zeit, in gleichen Intervallen, trat der Bahnhofsvorstand aus seinem Amtszimmer heraus, sah mit der gleichen Wendung des Kopfes die weite Strecke hinauf nach den Signalen der Wächterhäuschen, die immer noch nicht das Nahen des Eilzuges anzeigen wollten, der an der Grenze große Verspätung erlitten hatte; mit ein und derselben Bewegung des Arms zog er sodann seine Taschenuhr hervor, schüttelte den Kopf und verschwand wieder; so wie die Figuren kommen und gehen, die aus alten Turmuhren treten, wenn die Stunde voll ist. [...]

Wortzahl:	211
Vorgabe:	Törleß
Rechtschreibschwerpunkt:	Groß- und Kleinschreibung
Interpunktion:	Semikolon, Komma: Relativsatz, Aufzählung
Didaktisch-methodische Hinweise:	1. Deutet den Anfang der Erzählung. Welche Funktion haben Zeit und Raum? Wie wirken die Menschen? Welche Erwartungen an die Fortsetzung werden aufgebaut?
	2. Untersucht die Erzählperspektive und die Metaphorik des Textes.
	3. Grammatik: Erarbeitet den Satzbauplan des letzten Satzes.
	4. Rechtschreibung: Vergleich der Schreibweise von „ölgestrichenen" – Der Schnee lag meterhoch. – Der Schnee lag bis zu einem Meter hoch.

133 **Der Untertan**   Heinrich Mann

Diederich Heßling war ein weiches Kind, das am liebsten träumte, sich vor allem fürchtete und viel an den Ohren litt. Ungern verließ er im Winter die warme Stube, im Sommer den engen Garten, der nach den Lumpen der Papierfabrik roch und über dessen Goldregen- und Fliederbäumen das hölzerne Fachwerk der alten Häuser stand. Wenn Diederich vom Märchenbuch, dem geliebten Märchenbuch, aufsah, erschrak er manchmal sehr. Neben ihm auf der Bank hatte ganz deutlich eine Kröte gesessen, halb so groß wie er selbst! Oder an der Mauer dort drüben stak bis zum Bauch in der Erde ein Gnom und schielte her!

Fürchterlicher als Gnom und Kröte war der Vater, und obendrein sollte man ihn lieben. Diederich liebte ihn. Wenn er genascht oder gelogen hatte, drückte er sich so lange schmatzend und scheu wedelnd am Schreibpult umher, bis Herr Heßling etwas merkte und den Stock von der Wand nahm. Jede nicht herausgekommene Untat mischte in Diederichs Ergebenheit und Vertrauen einen Zweifel. Als der Vater einmal mit seinem invaliden Bein die Treppe herunterfiel, klatschte der Sohn wie toll in die Hände – worauf er weglief. Kam er nach einer Abstrafung mit gedunsenem Gesicht und unter Geheul an der Werkstätte vorbei, dann lachten die Arbeiter. Sofort aber streckte Diederich nach ihnen die Zunge aus und stampfte. Er war sich bewusst: „Ich habe Prügel bekommen, aber von meinem Papa. Ihr wäret froh, wenn ihr auch Prügel von ihm bekommen könntet. Aber dafür seid ihr viel zu wenig." [...]

(aus: H. Mann: Der Untertan, © Aufbau-Verlag, Berlin und Weimar 1965. © S. Fischer Verlag GmbH, Frankfurt am Main, 1995)

Wortzahl:	243
Vorgabe:	Diederich Heßling, stak
Rechtschreibschwerpunkt:	Zusammen- und Getrenntschreibung
Interpunktion:	Komma: Relativsatz, Konjunktionalsatz
Didaktisch-methodische Hinweise:	1. Charakterisierung von Diederich Heßling (Verhältnis des Kindes zur Märchenwelt, zum Vater, zur Autorität)
	2. Wie lässt sich Diederichs Verhalten gegenüber den Arbeitern nach seiner Bestrafung erklären?
	3. Vermutung über die weitere Entwicklung Diederichs, Fortsetzung der Lektüre, Vergleich des erwarteten mit dem tatsächlichen Romanverlauf
	4. Rechtschreibung: Vergleich der Schreibweise von *zu wenig, zu viel, zu viel des Guten, ein Zuviel ist besser als ein Zuwenig*

Register zum Teil B

1. Rechtschreibung

In der folgenden Übersicht sind die Rechtschreibschwerpunkte jedes Textes aufgeführt (inkl. Interpunktion). Zusätze in Klammern beziehen sich auf die didaktisch-methodischen Hinweise des betreffenden Textes.

Text-Nr.	Wortzahl	Dehnung/Schärfung	gleich und ähnlich klingende Konsonanten und Vokale	s-Laute	Groß- und Kleinschreibung	Zusammen- und Getrenntschreibung	Fremd-wörter	Interpunktion*
1	68			+		(umzuwerfen – um zu werfen)		Sem.; Frag.; K.: erw. Inf. mit „zu"
2	132	+		+	(das erste Mal – diesmal)			Sem.; K.: Konj., vor „und", Rel.
3	61	+	g-k-ch, sch-st; ä-e					wörtl. Rede; Ausr.; K.: Konj.
4	77	+	d-t, g-k-ch			(davonmachen – davon machen)		K.: vor „und", Konj.
5	110	+	f-v, g-k, d-t					K.: Konj., Rel.
6	109	+	b-p, f-v	+/das-dass				wörtl. Rede; K.: Rel.
7	111	+	d-t					wörtl. Rede
8	181	+	g-k, f-v, b-p, -ig/-ich; ä-e	+				wörtl. Rede; K.: vor „und"
9	96	+	g-k-gs-chs, d-t-dt, f-v; ä-e	(liest – lesen)				(K.: vor „und")
10	130	+	f-v, g-k; ä-e	+				K.: erw. Inf. mit „zu", Konj., Rel.
11	149	+	g-k	+				K.: Konj., ind. Frag.
12	151	+		+	+			K.: vor „und"

* Abkürzungen: App. = Apposition, Aufz. = Aufzählung, Ausr. = Ausrufezeichen, Dopp. = Doppelpunkt, erw. Inf. = erweiterter Infinitiv, Frag. = Fragezeichen, Gedstr. = Gedankenstrich, ind. Frag. = indirekter Fragesatz, K. = Komma, Konj. = Konjunktionalsatz, NS = Nebensatz, Part. = Partizipialsatz, Rel. = Relativsatz, Sem. = Semikolon.

Text-Nr.	Wortzahl	Dehnung/ Schärfung	gleich und ähnlich klingende Konsonanten und Vokale	s-Laute	Groß- und Kleinschreibung	Zusammen- und Getrenntschreibung	Fremd-wörter	Interpunktion*
13	105	+	ä-e					K.: Rel.
14	165		ä-e, i-ü	+	+	(zuschlagen schlägt zu)		wörtl. Rede; Ausr.: K.: vor „und"
15	78		ä-e	+				wörtl. Rede; K.: Konj., Satzreihe
16	142		d-t, f-v-w	+		+		K.: Konj. vor „und", erw. Inf. mit „zu"
17	150		d-t, f-v-pf	+	+			K.: Anrede, vor „und"
18	168		d-t, g-k	+	(eines Nachmittags-nachmittags)			K.: vor „und", Konj.
19	128	+		+				Klammer; K.: Konj.
20	131	+	d-t, g-k, f-v; ä-e					K.: Satzreihe
21	184	+	ä-e; g-k-ch, f-v, b-p					K.: Aufz.
22	124		d-t, pf-f-v	+		+		K.: Konj., Rel., (vor „sondern")
23	85		pf-f-v		+			K.: Konj.
24	117	+		+		+		K.: Aufz., Konj.
25	125	+	d-t-dt, f-v-pf; ä-e, ü-i	+	+			K.: vor „und", Konj., Aufz.
26	135	+	f-v		(auf einmal – einige Male)	+		K.: Konj., vor „und"
27	143	+	b-p, g-k-ch, f-v, d-t	+				K.: Aufz., vor „und"
28	156		f-v-pf-w, d-t-dt, g-k	+		+		K.: vor „und", Konj.
29	185	+	ä-e	+	+			wörtl. Rede; K.: Rel., Konj., Aufz., (vor „als")

Text-Nr.	Wortzahl	Dehnung/ Schärfung	gleich und ähnlich klingende Konsonanten und Vokale	s-Laute	Groß- und Kleinschreibung	Zusammen- und Getrenntschreibung	Fremdwörter	Interpunktion*
30	105	+	ä-e			+		K.: Rel., erw. Inf. mit „zu"
31	125	+	g-ch, f-v	+				k.: Konj., uneingeleiteter NS
32	148	+		+		+		K.: Rel., erw. Inf. mit „zu"
33	79	+		+		+		K.: Rel., Konj.
34	129		w-f-v, g-k, d-t	+	(am Abend – abends)			K.: Rel., Konj.
35	137		g-k, -ig/-ich, d-t	+				K.: Rel.
36	189	(k-ck, z-tz)	g-k, f-pf-v			+		K.: erw. Inf. mit „zu", Konj., vor „und"
37	61	+	b-p, pf-f					Ausr.; K.: Aufz.
38	106	+						Ausr.; K.: Rel., Satzreihe
39	81	+	ä-e, i/ie-ü	+				Ausr.; K.: Aufz., Satzreihe
40	108	+	d-t, g-k, b-p, f-v-pf			+		K.: Rel., (Part.)
41	92	+	d-t, f-v, g-k		(rot – bei Rot)			K.: erw. Inf. mit „zu"
42	101	+/z-tz				+		K.: Konj.
43	110		g-k, d-t, v-f	+				K.: Konj.
44	144		g-ch, pf-f-v	+		+		K.: Aufz., Rel.
45	157			+	(das zwe te Mal – zweimal)	+		K.: erw. Inf. mit „zu", Konj.

* Abkürzungen: App. = Apposition, Aufz. = Aufzählung, Ausr. = Ausrufezeichen, Dopp. = Doppelpunkt, erw. Inf. = erweiterter Infinitiv, Frag. = Fragezeichen, Gedstr. = Gedankenstrich, ind. Frag. = indirekter Fragesatz, K. = Komma, Konj. = Konjunktionalsatz, NS = Nebensatz, Part. = Partizipialsatz, Rel. = Relativsatz, Sem. = Semikolon

Text-Nr.	Wortzahl	Dehnung/Schärfung	gleich und ähnlich klingende Konsonanten und Vokale	s-Laute	Groß- und Kleinschreibung	Zusammen- und Getrenntschreibung	Fremdwörter	Interpunktion*
46	155	+	g-k, d-t, b-p, v-f					wörtl. Rede; Frag.; K.:Aufz.
47	126 +128		g-k, f-v	+	+ (kopfüber)			wörtl. Rede; K.: vor „und"
48	168	+	pf-f-v			+		wörtl. Rede; K.: vor „und", Aufz.
49	191	+		+		+ (so lange – solange)		wörtl. Rede; K.: erw. Inf. mit „zu", Konj. Rel.
50	163	+			(ein Drittel)	(auseinander setzen)		wörtl. Rede; K.: vor „und", Konj.
51	186	+		+				wörtl. Rede; K.: vor „und", Konj.
52	182		ä-e; f-v-pf, g-k		(morgen – jeden Morgen)	+		K.: vor „und", Aufz., Konj.
53	89	+	f-v	+ (dass – das)				K.: erw. Inf. mit „zu", Konj.
54	202	+	g-k, pf-f-v	+				K.: vor „und", erw. Inf. mit „zu"
55	176	+	d-t, pf-f-v			+		wörtl. Rede; K.: Konj, Rel.
56	222			+	+			K.: Konj, vor „und"
57	146					+		wörtl. Rede; K.: vor „und"
58	192		d-t (tod-/tot-), f-v	+		+		K.: Konj. erw. Inf. mit „zu"
59	196			+		+		Frag.; K.: Konj., vor „und"

Text-Nr.	Wortzahl	Dehnung/ Schärfung	gleich und ähnlich klingende Konsonanten und Vokale	s-Laute	Groß- und Kleinschreibung	Zusammen- und Getrenntschreibung	Fremd- wörter	Interpunktion*
60	154		ä-e		+	+		Sem.; K.: Konj., vor „und"
61	194		f-v, g-k, b-p, d-t	+				K.: Konj.
62	227		g-k-ch, f-v	+	+			K.: Aufz., Rel., erw. Inf. mit „zu", App., Satzreihe
63	143	+	g-k	+				wörtl. Rede
64	117	+				+		Ausr.
65	190		b-p, d-t, v-f-pf, g-k		+	+		wörtl. Rede; K.: vor „und", Konj.
66	118				+	(jederzeit – zu jeder Zeit		Frag.
67	121	+	ph-f-v, g-k, d-t, b-p			+		K.: Konj., (App., Rel.)
68	118	+				+		K.: erw. Inf. mit „zu"
69	135		f-v-pf, d-t-dt	+		+		Gedstr.; K.: Aufz. Konj., App., erw. Inf. mit „zu"
70	140				+	+		K.: Rel., erw. inf. mit „zu"
71	180		g-k-ch; ä-e	+	(tausend – Tausende)	+		K.: Konj.
72	123			+	+			K.: Konj., ind. Frag.
73	140	+		+	+			K.: Satzreihe, Konj.
74	135	+	g-k-ch, d-t-dt, v-f-pf			+		K.: Rel., Konj.

* Abkürzungen: App. = Apposition, Aufz. = Aufzählung, Ausr. = Ausrufezeichen, Dopp. = Doppelpunkt, erw. Inf. = erweiterter Infinitiv, Frag. = Fragezeichen, Gedstr. = Gedankenstrich, ind. Frag. = indirekter Fragesatz, K. = Komma, Konj. = Konjunktionalsatz, NS = Nebensatz, Part. = Partizipialsatz, Rel. = Relativsatz, Sem. = Semikolon

Text-Nr.	Wortzahl	Dehnung/Schärfung	gleich und ähnlich klingende Konsonanten und Vokale	s-Laute	Groß- und Kleinschreibung	Zusammen- und Getrenntschreibung	Fremd-wörter	Interpunktion*
75	149	+				+		K.:Aufz., Satzreihe
76	186	+			(rot – Röte)	+		K.:Konj.
77	164		f-v-w, g-k, d-t; ä-e	+		+		K.:Konj., Aufz.
78	184	+	ä-e; f-v, d-t, g-k	+				wörtl. Rede; K.: vor „und"
79	175	+	f-pf-v-w, d-t, g-k; ä-e		(chines. Seide – die Irische See)		+	K.:Aufz., Satzreihe, Konj.
80	187	+			(Tausende – tausend)	+		Sem.; K.: Satzreihe, Rel., (Part.)
81	195		g-k-ch, d-t-dt, v-w-f	+		+		K.:Konj., (erw. Inf. mit „zu")
82	172	+	ph-pf-f-v-w, d-t, g-k			+		K.: erw. Inf. mit „zu" Konj., Aufz.
83	150	+	v-f-ph-w	+				K.:Konj.
84	172	+	f-v-pf, d-t			(so lange – solange)		Dopp.
85	219			+		+		K.:Konj.
86	148	+/z-tz			+ (deutsch – Deutsch)			K.:Konj., Aufz., vor „und"
87	171				+	+		Sem.; K.:Konj., erw. Inf. mit „zu", Aufz., Satzreihe
88	155				+			K.: vor „und", un-eingeleiteter NS, (vor „als")
89	157					+		K.:Aufz., erw. Inf. mit „zu"

Text-Nr.	Wortzahl	Dehnung/ Schärfung	gleich und ähnlich klingende Konsonanten und Vokale	s-Laute	Groß- und Kleinschreibung	Zusammen- und Getrennt-schreibung	Fremd-wörter	Interpunktion*
90	202				+	+		K.: Konj., Rel.
91	215			+/das – dass	+			wörtl. Rede; Gedstr.
92	209			+	+			wörtl. Rede
93	164				+	+		Sem.; K.: Rel., App.
94	185					+		K.: vor „und", Rel., Aufz.
95	187		pf-f-v, g-k	+		+		K.: Rel., Konj., vor „und" Aufz., (Part.)
96	197				+	+		Sem.; K.: Rel., Konj. vor „und", (Part., erw. Inf. mit „zu")
97	202					+		K.: Konj., erw. Inf. mit „zu"
98	192				+ (etwas Neues – etwas anderes)	+		K.: Rel., erw. Inf. mit „zu", (vor „jeden-falls", „sondern", „allerdings")
99	195			+	+	+		Dopp.; K.: Rel., erw. Inf. mit „zu"
100	230			+	+	+		Dopp.; K.: Aufz., Rel., vor „und"
101	140	+		+				Sem.; K.: Satzreihe, Rel., vor „und"
102	161				+	+		K.: vor „und", Satzreihe, Konj.

* Abkürzungen: App. = Apposition, Aufz. = Aufzählung, Ausr. = Ausrufezeichen, Dopp. = Doppelpunkt, erw. Inf. = erweiterter Infinitiv, Frag. = Fragezeichen, Gedstr. = Gedankenstrich, ind. Frag. = indirekter Fragesatz, K. = Komma, Konj. = Konjunktionalsatz, NS = Nebensatz, Part. = Partizipialsatz, Rel. = Relativsatz, Sem. = Semikolon

Text-Nr.	Wortzahl	Dehnung/ Schärfung	gleich und ähnlich klingende Konsonanten und Vokale	s-Laute	Groß- und Kleinschreibung	Zusammen- und Getrenntschreibung	Fremd-wörter	Interpunktion*
103	277			+/das – dass	+	+	+	K.: Aufz., Rel., erw. Inf. mit „zu", vor „und", Satzreihe
104	158			+	(zum ersten Mal – erstmals)	+		K.: erw. Inf. mit „zu" uneingeleiteter NS
105	131		d-t, g-k, p-b			+	+	K.: Konj., erw. Inf. mit „zu"
106	179			+	(Deutsch – deutsch)	+		K.: Part., Konj.
107	194			+		+		K.: Konj., Rel.
108	184		d-t-dt	+	+ (Internationaler Gerichtshof)	+		K.: Konj.
109	104						+	K.: erw. Inf. mit „zu"
110	155				+	+	+	K.: erw. Inf. mit „zu", Konj.
111	153			+		+		Dopp.; K.: Konj., erw. Inf. mit „zu"
112	187			+	+ (Atlantischer Ozean – Pazifische Wale)	+		Dopp.; K.: Konj.
113	162			+		+	+	K.: konj.
114	190	+	g-k-x					K.: Konj., Aufz., erw. Inf. mit „zu"
115	159			+		+		K.: Rel., (Part.)
116	186			+	+		+	K.: Aufz.
117	193			+	+	+		Dopp.; K.: Satzreihe, Konj.

Text-Nr.	Wortzahl	Dehnung/ Schärfung	gleich und ähnlich klingende Konsonanten und Vokale	s-Laute	Groß- und Kleinschreibung	Zusammen- und Getrenntschreibung	Fremdwörter	Interpunktion*
118	191		v-f-pf, g-k, d-t	+		+	+	Dopp.; K.:Aufz., App.
119	170	+		+		+		K.: Rel., Konj.
120	237	+	g-k-qu, f-v-pf, d-t		+	+		K.: erw. Inf. mit „zu", ind. Frag., Konj.
121	212	+	v-f, d-t, g-k	+			+	K.:Aufz., Rel., Konj.
122	220			+	+	+		K.:Konj.,Aufz., Rel., Satzreihe, vor „und"
123	213			+	+	+		K.:Aufz., Rel.
124	217	+			+			K.: Rel.,Aufz., erw. Inf. mit „zu", Konj.
125	167					+ (Bindestrich)		Gedstr.
126	231				+	+ (Bindestrich)		Sem.; Dopp.; K.:Aufz., erw. Inf. mit „zu", Rel.
127	193			+		+ (Abkürzungen)	+	K.: Rel., Konj., Aufz.
128	168		g-k-ch	+	+			K.: Rel., Satzreihe, Aufz., vor „und"
129	91				+			K.: Rel.
130	172					+		K.: vor „und", Rel., Aufz., (vor „und zwar")
131	136 + 137 + 101			+	+	+ (Apostroph)		K.: Part., Rel., Konj.
132	211				+			Sem.; K.: Rel., Aufz.
133	243					+		K.: Rel., Konj.

* Abkürzungen: App. = Apposition, Aufz. = Aufzählung, Ausr. = Ausrufezeichen, Dopp. = Doppelpunkt, erw. Inf. = erweiterter Infinitiv, Frag. = Fragezeichen, Gedstr. = Gedankenstrich, ind. Frag. = indirekter Fragesatz, K. = Komma, Konj. = Konjunktionalsatz, NS = Nebensatz, Part. = Partizipialsatz, Rel. = Relativsatz, Sem. = Semikolon

177

2. Integrationsmöglichkeiten

Genannt wird im Folgenden jeweils die Textnummer, nicht die Seitenzahl. In Klammern gesetzte Textnummern lassen sich unter dem entsprechenden Stichwort nur mit Einschränkungen vertreten, wurden dort aber der Vollständigkeit halber mit aufgenommen. Die in eckige Klammern gesetzten Ziffern geben die Klassenstufe an, der die nachfolgenden Textnummern zuzuordnen sind: I = Kl. 5/6, II = Kl. 7/8, III = Kl. 9/10.

a) Grammatik/Reflexion über Sprache

Begriffsanalyse (Wortbildung, -veränderung, Definition, Begriffserörterung): [I] 35, 42, 43; [II] 53, 57, 66, 75, 80, 85, 89, 91; [III] 93, (108), 117
Deklination: [III] 101, 119
Direkte und indirekte Rede: [I] 18, 30, 36; [II] 50, 53, 77
Kommunikation und Sprache: [I] 30; [II] 86, 87, 89, 90, 91; [III] 106, 107, 108, 112, 113
Konjunktiv: [I] 1, 3, 26, 30, 36; [II] 46, 60, 66, 70, 77, 87; [III] 93, 106, 114, 118
Partizip: [II] 57; [III] 113
Passiv: [II] 64, 68; [III] 118
Stil: [II] 59, 69; [III] 119, 124, 125
Syntax:
— Haupt- und Nebensatz: [I] 5, 19, 21, 43; [II] 84, 92; [III] 111
— Komma vor „und": [I] 14; [II] 60 (s. auch Register „1. Rechtschreibung", Rubrik „Interpunktion")
— Parataxe – Hypotaxe: [I] 20; [II] 60; [III] 94
— Relativsatz – Konjunktionalsatz („das" – „dass"): [I] 6; [II] 53, 74 (s. auch Register „1. Rechtschreibung", Rubrik „Interpunktion")
— Satzbauplan: [I] 13, 15; [II] 45, 62, 67; [III] 94, 122, 132
Tempus: [I] 7, 22, 27; [II] 59; [III] 99

b) Textproduktion

Argumentation, Erörterung: [I] 24; [II] 55, 63, 64, 68, 70, 72, 75, 82, 91; [III] 99, 103, 105, 106, 107, 108, 109, 110, 112, 113, 116, 117, 120, 122, 123, 127
Aufsatz (Essay): [II] 75; [III] 128
Begriffsanalyse: [II] 53, 66, 91
Bericht, Formen des Berichts (Anleitung, Beschreibung, Protokoll, Nachricht, Meldung): [I] 21, 28, 30, 31, 32, 40, 41, 43; [II] 74, 76

Erörterung (s. Argumentation)
Erzählung (s. Umgestaltung)
Glosse: [II] 90
Interview: [II] 79
Leserbrief: [II] 72
Rede: [II] 63; [III] 104, 108
Reportage: [I] 28; [II] 67, 79
Referat: [II] 79; [III] 123
Sachtextwiedergabe: [II] 74, 79, 81, 85; [III] 110, 114, 115, 116, 120, 121, 122, 123, 126
Satire: [II] 83; [III] 100
Sprachspiele, Rätselspiele, Reimspiele: [I] 2, 33, 35, 38, 39; [II] 82, 86, 88, 90, 91
Umgestaltung oder Ausgestaltung einer Vorlage:
— Dialogisierung, Dramatisierung, Rollenspiel: [I] 28, 30, 36; [II] 51, 55, 63, 64, 69
— Fortsetzung, Ausgestaltung: [I] 2, 3, 8, 16, 17, 19, 20, 26, 27, 28, 29, 31; [II] 47, 48, 51, 54, 55, 57, 60, 61, 66, 68; [III] 96, 99, (115)
— Veränderung der Schreibhaltung, der Perspektive oder der Textsorte: [I] 10, 17, 18, 25, 28, 30, 32, 37, 40, 41, 42, 43; [II] 48, 58, 66, 67, 69, 71, 73, 92; [III] 118
— Verfassen eines ähnlichen Textes: [I] 2, 16, 31, 32, 33, 35, 39; [II] 48, 61, 65, 72, 73, 76, 88, 90, (91), 92; [III] 93, (105)
Werbung: [II] 73; [III] 98
Witz: [II] 65

c) Textrezeption

Diskussion, Erörterung: [I] 5, 6, 11, 16, 24, 36; [II] 50, 57, 63, 64, 70, 75, 77, 78, 87; [III] 93, 100, 102, 103, 105, 107, 108, 109, 111, 113, 114, 115, 121, 122, 124, 127, 128, 129, 133
Erarbeitung des Inhalts, der Gestaltung, des Gedankengangs oder des Gehalts eines Textes:
— Anekdote, Kalendergeschichte: [I] (22), 23, 24, 25; [II] 45, 46, 55, 56, 57, 59, 60, 62, 78, 86, 92

- Bericht, Beschreibung, Anleitung: [I] 9, 21, 31, 32; [II] 71, 76, (79); [III] (101), 106, 107, 124
- Erzählung (A = Auszug, E = Exposition): [II] 62, (66); [III] 93 (A), 94 (E), 96 (E), 98, 128 (A), 123 (E)
- Essay: [III] 100, 101, 103
- Fabel: [I] 3, 4, 5, 6, 7, 8, 10, 11, 12, 13, 14, 16, 18; [II] 47, 48, 49, 50, 51, 53, 54, 58
- Gedicht: [I] 37, 38, 39
- Glosse, Wortspiel: [II] 83, 88, 89, 90, 91; [III] 113
- Leserbrief: [II] 72
- Märchen, Sage: [I] 2, 17, 28, 29; [II] (51), (52), (61); [III] (99)
- Nachricht, Meldung: [I] 40, 41, 42, 43; [II] 67, 68, 69, 70; [III] 105, 108, 121
- Novelle: [III] 95, 130 (Exposition)
- Parabel: [I] 15; [II] 57, 87; [III] 102
- Parodie: [I] 18; [II] 51, 52
- Rätsel, Denkaufgabe, Spiel: [I] 1, 33, 34, 35, 36; [II] 44; [III] 104
- Roman (A = Auszug, E = Exposition): [II] 76 (A); [III] 129 (A), 131 (E), 133 (E)
- Sachtext: [II] 75, (77), 79, 80, 81, 82, (83), 84, 85; [III] 109, 110, 111, 112, 115, 116, 117, 118, 119, 120, 121, 122, 123, 126, 127

- Satire: [I] 19; [II] (83), (91); [III] 99, (100)
- Schilderung: [I] 20; [III] 94, 95, (124), 125, (126), (130), 132
- Schwank: [I] 27; [II] (60), 61
- Werbung: [II] 73, (74), (83); [III] 97
- Witz: [I] 26; [II] 65

Illustration: [I] 12, 20, 21; [II] 84
Interpretation (s. Erarbeitung ...)
Rollenspiel, Dramatisierung: [I] (28), 30; [II] 51, 55, 63, 64, 69, 86
Textanalyse (s. Erarbeitung ...)
Textvergleich:
- Anekdote – Satire: [II] 78
- Fabeln: [I] 6, 7, 8; [II] 50
- Fabel – Märchen: [I] 18, (29)
- Fabel – Parabel: [I] 14, 15
- Gedicht – Erzählung: [I] (37)
- Kalendergeschichte – Parabel: [II] 56, 57
- Märchen – Satire: [I] 19
- Sachtext/Bericht – Erzählung: [II] (71); [III] 117
- Schilderung – Beschreibung/Bericht: [I] 20; [III] 94, 125, 126
- Tierfabel – Tierbeschreibung: [I] (9); [II] (62), (81)

3. Themenkreise

Genannt wird jeweils die Textnummer, nicht die Seitenzahl. In Klammern gesetzte Textnummern lassen sich dem entsprechenden Themenkreis nur mit Einschränkungen zuordnen, bieten aber interessante Nebenaspekte zum Thema.
Die in eckige Klammern gesetzten Ziffern geben die Klassenstufe an, unter der die nachfolgenden Textnummern im Band aufgeführt sind: I = Kl. 5/6, II = Kl. 7/8, III = Kl. 9/10.

Arbeit, Beruf, Leistung: [I] 5, 23, 24; [II] 70, 75, (76), 82; [III] (98), 101, (103)
Fortschritt, Technik: [II] 68, 77, 78; [III] 99, 110, 116, 117, 121
Freundschaft: [II] 58
Klugheit: [I] 10, 11, 12, (13), 14, 16, 22, 25, 27, 29, 36; [II] 47, 48, 49, 54, 56 (57); [III] (104)
Krieg, Frieden: [II] 45, 46
Lesen (s. Sprache ...)
Mut, Abenteuer, Heldentum: [I] (16), (40); [II] (46), 57, 58, 61, 66, (67); [III] (102)
Natur, Umwelt: [I] (39); [II] 77, 79, 80, 81; [III] (99), 121, 122, 123, 124, 126

Recht, Gerechtigkeit: [I] 4, 6, 8, 28, 29, (43); [II] 50, 53, 54, 55, 56, 57, 59, (69), (71); [III] (104), 108
Schule, Erziehung: [II] 63, 64, 70; [III] 93, 113, 133
Sprache, Kommunikation, Medien: [II] 86, 87, 88, 89, 90, 91; [III] (100), (103), 105, 106, 107, 108, 109, (111), 112, 113, 114, (120), 127, 128, 129
Technik (s. Fortschritt)
Tiere: [I] 9, 20, 21, (38); [II] 62, 81; [III] 111, 112, 119, 120, 122